Ferdinand Jakob Schmidt

Der philosophische Sinn

Verone

Ferdinand Jakob Schmidt

Der philosophische Sinn

1st Edition | ISBN: 978-9-92500-005-0

Place of Publication: Nikosia, Cyprus

Erscheinungsjahr: 2015

TP Verone Publishing House Ltd.

Nachdruck des Originals von 1912.

Der philosophische Sinn

Programm des energetischen Idealismus

Von

Ferdinand Jakob Schmidt

Adolf Lasson

zu seinem 80. Geburtstage.

„Wenn die denkende Vernunft im Vergleich mit dem menschlichen Individuum etwas Göttliches ist, so ist auch das dieser Vernunft gemäße Leben etwas Göttliches im Vergleich mit dem menschlichen Leben. — Ja, man darf sagen, daß jeglicher eben dies Göttliche selber ist; ist dies doch an ihm sein eigentliches Wesen und sein besseres Teil."

Was Ihr allverehrter Meister Aristoteles hiermit als der Weisheit letzten Schluß verkündet hat, dem haben Sie von den Tagen der Jugend an nachzudenken und nachzuleben sich immerdar gemüht. Und so haben Sie mitten im Strome des vergänglichen Daseins ein der Ewigkeit zugewandtes Leben geführt, — unberührt von den Launen und Moden der Zeit und unberührt von allen die Erdensöhne treffenden Gebrechen des Alters. Immer taufrischer und verklärter sahen Sie den neuen Tag am Horizonte emportauchen und wurden nur feuriger, in Wort und Schrift die Seligkeit des göttlichen Geisteslebens zu verkünden. Hineingeboren in eine Zeit, in der das lebendige Feuer der Propheten, Apostel und Philosophen zu verglimmen drohte, haben Sie seine Flamme ohne Unterlaß bewacht und geschürt. Denn vor allem fanden Sie sich von der Vorsehung dazu berufen, als Hoherpriester des Geistes den kommenden Geschlechtern die Heiligtümer der Väter unversehrt zu überantworten. Und welches nun auch der Erfolg sei, so war es Ihnen doch beschieden, daß Sie von der Warte eines achtzigjährigen Erdenlebens aus nun auch von sich dankerfüllten Herzens sagen können: „Ich habe einen guten Kampf gekämpft!"

Inhalt.

		Seite
1.	Der Wandlungsprozeß der Philosophie	1
2.	Der wesentliche Mensch	20
3.	Der philosophische Sinn	42
4.	Die Philosophie als Totalitätswissenschaft	65
5.	Schlußbetrachtung	95

Der Wandlungsprozeß der Philosophie.

Die Philosophie ist so alt wie die Menschheit. Zwar den Namen und die wissenschaftliche Form hat sie erst spät erhalten. Aber ehe es ein methodisches Philosophieren gab, war immer schon ein unmethodisches im Schwange, und daher ist die wissenschaftliche Philosophie auch kein von anderen Erkenntnissen künstlich abgeleitetes Verstandeserzeugnis, sondern sie ist der mittelbare Ausdruck einer unmittelbaren Lebensmacht. Ohne diesen philosophischen Sinn als einer mit dem Wesen des Menschen verbundenen Urbestimmtheit würde es überhaupt keine Philosophie, noch sonst eine Wissenschaft geben. Wie dunkel und geheimnisvoll auch immer dieser Trieb sich in dem Urmenschen regen mochte, er war doch, wenn auch mit manchen anderen Lebensmächten unklar verschlungen, von Anfang an da, und darum muß man sagen: der erste Mensch war auch der erste Philosoph! Von der undurchgebildeten Philosophie unterscheidet sich aber die wissenschaftliche dadurch, daß sie die methodische Ausbildung jenes universellen Lebenstriebes ist. Alle die aufeinander folgenden Systeme der Philosophie sind nur die methodische Entwicklung, vermöge deren diese unmittelbare Bewußtseinsmacht zum Begriff erhoben wird. Die Philosophie ist daher auch keine Erfindung einzelner geistreicher Köpfe, sondern sie ist wie die Poesie eine Welt- und

Völkergabe und ist als solche der Ausdruck einer urmenschlichen Lebenstätigkeit[1]).

Im Verlaufe des 19. Jahrhunderts kam jedoch infolge der Trübung des philosophischen Sinnes eine erkenntnistheoretische Richtung zur Geltung, die das Dogma aufstellte, daß alle streng wissenschaftliche Erkenntnis lediglich auf der Gruppierung, Vergleichung und Zusammenfassung der Ergebnisse des individuell-psychischen Erfahrungswissens beruhe. Dadurch wurde aber nun gerade derjenige Bewußtseinsfaktor, welcher der Urquell aller wissenschaftlichen Erkenntnis überhaupt ist, von der methodischen Erforschung ausgeschlossen. Die Erfahrung sollte zwar der Ausgang und der Probierstein des wahren Wissens sein. Aber merkwürdig genug, man hielt sich trotz dieses Grundsatzes keineswegs an das Ganze der wirklichen Erfahrung, sondern es wurde nur ihr individueller Faktor aufgegriffen und damit die völlig einseitige Meinung großgezogen, daß die Erfahrung überhaupt lediglich in dieser psychophysischen Tätigkeit bestehe. Man wollte das gute Recht der empirischen Erkenntnis vor den Übergriffen und Einseitigkeiten der metaphysischen Spekulation sichern, aber man tat der Gesamterfahrung auf diese Weise gerade den höchsten Zwang an, indem man ihre universell-geistige Tätigkeit jetzt zugunsten der individuell-psychischen völlig entrechtete. Infolge der unkritischen Annahme, daß dem Geist im Verhältnis zur

---

[1]) So erklärt auch Alois Riehl — Die Philosophie der Gegenwart, 2. Aufl., S. 273 f.: Die Philosophie ist keine Sache bloß der Schule, sie ist eine Angelegenheit der Menschheit selbst, und darum hat sie sich nicht überlebt und wird sich nie überleben. Umsonst, daß der Mensch sich gleichgiltig verhalten wollte zu den Problemen der Philosophie; sind es doch die wahren und wesentlichen Probleme seines Wissens und seines Lebens. Stetig muß die Menschheit fortschreiten in der Selbsterkenntnis der Vernunft und der Erkenntnis der Welt, im Streben nach einer auf dieser doppelten Erkenntnis beruhenden Weisheit, fortschreiten in philosophischer Wissenschaft und philosophischer Gesinnung.

Sinnlichkeit eine ausschießlich vermittelnde Wirksamkeit zukomme, wurde gänzlich unbeachtet gelassen, daß es auch eine **unmittelbare Geistestätigkeit** und demgemäß außer der psychophysischen eine **geistige Erfahrung** gibt. Der irreführende Dogmatismus jener psychologistischen Richtung besteht also darin, daß nicht das Ganze der lebendigen Erfahrungsprozesse zum Gegenstand methodischer Erkenntnis gemacht wurde, sondern daß lediglich ein von diesem Ganzen abstrahierter Faktor, nämlich die psychophysische Erfahrung, als der einzige Träger aller wissenschaftlichen Erkenntnisse in Anspruch genommen wurde. Das aber ist ein willkürlicher Dogmatismus. Denn dogmatistisch ist ein jedes Verfahren, auch ein naturwissenschaftliches, das nicht von der Prüfung des wirklichen Tatbestandes, sondern von einer autoritativ fortgepflanzten Voraussetzung ausgeht. Eine solche ungeprüft übernommene Vorstellung ist es aber, daß die psychophysische Erfahrung die ganze Erfahrung sei, und diese dogmatistische Erfahrungsansicht heißt **Psychologismus**.

Es liegt nun auf der Hand, welche Störungen und Verwirrungen dadurch heraufbeschworen werden müssen, wenn der wissenschaftlichen Forschung eines Zeitalters der Sinn für die Ganzheit des Wirklichen verkümmert ist und alle Regungen, ihn wieder zu kräftigen, kurzsichtig bekämpft werden. Heut aber befinden wir uns in einem solchen Zustande. Als sich die Epoche unseres klassischen Idealismus vollendet hatte, war damit eine Entwicklung zum Abschluß gekommen, die alles erschöpft hatte, was auf diesem Wege zu erschöpfen war. Das große Problem der reinen Vernunfterkenntnis war im wesentlichen gelöst. Wie immer aber, wenn der Geist der Menschheit an einem solchen Punkt angelangt ist, kann er sich nun nicht mehr auf der so lange innegehaltenen Bahn fortbewegen, sondern muß sich einem neuen Ziel zuwenden. Das erfordert jedoch einen abermaligen Rückgang und eine vertiefte Besinnung auf die unmittelbaren Erfahrungsgrundlagen, die dabei in Betracht kommen. Eine solche Bewegung machte sich nun auch um die Mitte des vorigen Jahrhunderts geltend, und sie war zunächst für die speziellen Erfahrungswissenschaften, die Natur- und Sozialwissenschaften, von glänzendem Erfolge begleitet. War es bis dahin nur der mechanischen Naturwissenschaft gelungen, sich infolge der Leistungen von Männern wie Galilei, Kepler, Newton selbständig zu begründen, so wurde dieser Prozeß nunmehr auf alle Zweige der Naturerkenntnis mit Einschluß der empirischen Psychologie ausgedehnt. Und nicht nur dies, sondern auch die Sozialwissenschaften konstituierten sich auf Grund der wesentlichen Bestimmtheit ihres eigenen Erkenntnisgebietes in voller Autonomie. Man muß daher sagen: die methodische Verselbständigung der Natur- und Sozialwissenschaften ist das charakteristische Kennzeichen der Geistesentwicklung des neunzehnten Jahrhunderts.

So rühmenswert aber auch diese Errungenschaft ist, so lag doch von dieser Seite aus gar kein zwingender Grund vor, die wissenschaftliche Forschung ausschließlich auf die Erkenntnis des psychophysischen Erfahrungszusammenhanges zu beschränken und alle übrige Erfahrungstätigkeit einfach als nicht vorhanden zu betrachten. Der notwendig gewordene Rückgang auf die lebendigen Erfahrungsquellen hätte vielmehr auf die methodische Erforschung des ganzen Erfahrungsgebietes ausgedehnt und nicht bloß auf den psychophysischen Erfahrungsbestand eingeschränkt werden müssen. Da dies aber nicht geschah, so mußte mit dem gesamten Geistesleben auch die Philosophie in die schwerste Erschütterung geraten[1]).

---

[1]) Hierbei sei es gestattet, an die trefflichen Worte Rudolf Eucken's — „Geistige Strömungen der Gegenwart", 4. Aufl., S. 111 — zu erinnern: „Wir haben heute keine Metaphysik, und es gibt nicht wenige, die das für einen Gewinn erachten. Aber

Es ist daher in unserem Volkstum trotz aller äußeren Errungenschaften dahin gekommen, daß der schöpferische Impuls einer in der Ganzheit des Universums wurzelnden **Welt- und Lebensanschauung** erstarrt ist. Mag der einzelne sich damit auch immerhin auf seine Weise abfinden und ein willkürliches Surrogat an die Stelle davon setzen, so ist doch alles, was nicht aus der geheimnisvollen Tiefe des gesamten Volksgemütes entspringt, kein göttliches Wasser des Lebens. Und dieser Brunnen des Ewigen ist heut verschüttet! Nicht nur Glauben und Wissen liegen seitdem mit einander in peinlicher Fehde, sondern auch in der sittlichen Welt fallen die Mächte des Individualismus und Sozialismus, der Privatinteressen und Staatsinteressen täglich mehr auseinander. Und in der Kunst ist an die Stelle schöpferischer Fortbildung der unserem eigensten Wesen entsprechenden Stilformen vielmehr der Zustand vollendeter Stillosigkeit getreten. Überall ist der Zusammenhang mit der früheren Entwicklung, wenn nicht gänzlich zerschnitten, so doch soweit gelockert, daß das Geschlecht unserer Tage bald den Geist seiner eigenen Väter nicht mehr versteht und darüber sich selber untreu wird. Das aber ist die Folge davon, daß der **universelle, metaphysische Sinn** gerade der führenden

---

ein Recht darauf hätten sie nur, wenn sich unsere Gedankenwelt in einem vortrefflichen Zustande befände, wenn auch ohne Metaphysik feste Überzeugungen unser Leben und Streben beherrschten, hohe Ziele uns zusammenhielten und vom kleinmenschlichen Getriebe befreiten. In Wahrheit ist eine grenzenlose Zersplitterung, eine klägliche Unsicherheit in allem Prinzipiellen der Überzeugungen, eine Ohnmacht gegen das Kleinmenschliche, eine Seelenlosigkeit in überströmender äußerer Fülle nicht zu verkennen. Wer das ruhig zu ertragen vermag, den werden alle theoretischen Erörterungen nicht zur Metaphysik führen; wer aber eine zwingende Aufgabe darin erkennt, daß auch unser Kulturleben sich zu einem charaktervollen Ganzen zusammenfasse und eine innere Selbständigkeit gewinne zu engerer Verbindung wie zu schärferer Scheidung der Geister, der wird mit uns an der Metaphysik festhalten und für die alte Aufgabe neue Bahnen suchen".

Geister unseres Volkes stumpf geworden ist. Man weiß es nicht mehr und will es nicht mehr wissen, daß das metaphysische Ethos nichts anderes als jenes konkrete Ganzheitsbewußtsein ist, das ein Volk als sein göttliches Lehen empfangen hat, um diesem ihm anvertrauten Pfunde gemäß den Willen des Weltgeistes im Reich der Geschichte zu verwirklichen. Metaphysik, in diesem Sinne genommen, macht die alles durchdringende Welt- und Lebensanschauung einer Kulturnation aus, und wo der Sinn für sie dahinschwindet, da erlischt mit ihr zugleich die schöpferische Kraft nicht nur des philosophischen, sondern auch des religiösen und künstlerischen Bewußtseins. Ein Volk ohne Metaphysik ist eine geistlose Masse.

Heut muß erst wieder zum Bewußtsein gebracht werden, daß es zweierlei Arten von wissenschaftlicher Erkenntnis gibt: erstens diejenige, welche die gegebene Mannigfaltigkeit der Dinge, der Individuen und Nationen nach dem gesetzmäßigen Zusammenhang ihrer wechselseitigen Beziehungen zu erforschen sucht; zweitens aber diejenige, welche in dieser Mannigfaltigkeit die Vergegenwärtigung der durchgehenden Einheit des Ganzen erfaßt und sich von hier aus zum Begriff dieser schöpferischen Urenergie des Universums erhebt. Diese zweite Erkenntnisart ist im Gegensatz zu jener ersten als der empirischen oder psychophysischen die metaphysische genannt worden. Sie ist sowohl ihrem Erkenntnisgebiet, wie ihrem Erkenntnisziel nach von jener wesentlich verschieden und bringt ihrerseits erst in den Bereich des Wissens Einheit, durchgehenden Zusammenhang und Vollendung. Diese Schaffenseinheit des Ganzen in der Mannigfaltigkeit der Einzelwesen zu gewahren und zu ergründen ist die charakteristische Tätigkeit des Geistes im Unterschiede von der Verstandestätigkeit, die nur die sinnlichen Einzelheiten als solche unterscheidet, vergleicht und das ihnen Gemeinsame unter Allgemeinvorstellungen verknüpft. Nun würde es aber eine derartige Geistestätigkeit für unser menschliches Dasein gar nicht geben, wenn die Vergegenwärtigung des Ganzen im Einzelnen nicht auch **unmittelbar** und das heißt doch als **Erfahrungstatsache** zum Bewußtsein käme. Nur, wenn sich über der psychischen Wahrnehmung und unabhängig von ihr eine geistige Erfahrung wirklich in uns verlebendigt, ist eine auf die Erkenntnis des Ganzen gerichtete, metaphysische Wissenschaft möglich. Dann aber ist die Verwirklichung dieser Metaphysik auch nicht bloß ein mehr oder weniger geistreiches Hirngespinst, sondern sie ist **die sich selbst begreifende Grundtätigkeit des universellen Lebens**[1]).

Von dieser unmittelbaren und ursprünglichen Lebensmacht, deren methodische Entwicklung die Metaphysik ist, hat Schelling einmal die beherzigenswerten Worte gesprochen: „Was man auch sagen möge, alles Hohe und Große in der Welt ist durch etwas geworden, das wir im allgemeinsten Sinne Metaphysik nennen können. Metaphysik ist, was Staaten organisch schafft und eine Menschenmenge eines Herzens und Sinnes, d. h. ein Volk, werden läßt. Metaphysik ist, wodurch der Künstler und der Dichter ewige Urbilder lebendig empfindend sinnlich wiedergibt. Diese innere Metaphysik, welche den Staatsmann, den Helden, die Heroen des Glaubens und der Wissenschaft gleichermaßen inspiriert, ist etwas, das von den sogenannten Theorien, wodurch Gutmütige sich

---

[1]) Die Notwendigkeit einer solchen Metaphysik bestimmt O. Külpe (Die Philosophie der Gegenwart in Deutschland) dahin, daß er erklärt: „Wer mit der autoritativen Antwort, die ihm die positive Religion auf alle Fragen an sein Schicksal und seine Bestimmung erteilt, nicht zufrieden ist oder nicht ausreicht, dem wird sich von selbst die Metaphysik als ein Weg eröffnen, um zu dem ersehnten Ziel zu gelangen. Die gegenwärtige Metaphysik knüpft dabei an die Einzelwissenschaften an, wo diese andere oder den weiterfragenden Menschengeist im Stich lassen."

täuschen ließen, und von der flachen Empirie, welche den Gegensatz von jenen ausmacht, gleich weit abstößt. Alle Metaphysik, sie äußere sich nun spekulativ oder praktisch, beruht auf dem Talent, ein Vieles unmittelbar in Einem und hinwieder Eines im Vielem begreifen zu können, mit Einem Wort auf dem Sinn für Totalität". Diese alles schaffende, alles durchdringende und alles vereinende Urenergie begreiflich zu machen, ist die wahre und einzige Aufgabe der Philosophie[1]). Was daher auch immer diesen Namen für sich in Anspruch nehmen mag, echte Philosophie ist doch nur diejenige, die im Gegensatz zur Erforschung der psychophysischen Mannigfaltigkeit den Grund, die Entwicklung und die Vollendung der Ganzheit des Lebens zum Gegenstand der Erkenntnis hat.

Welches aber ist der Weg zur Philosophie? — Er ist jedenfalls heut ein anderer, als er es vor hundert Jahren war, und erst recht ein anderer als im Zeitalter der Scholastik oder klassischen Antike. Und, wenn auch keine Erkenntnis des Ewigen, die auf dem bisherigen Entwicklungsgange ans Licht gebracht worden ist, dem Geist der Menschheit jemals wieder verloren gehen kann, so muß sich doch jedes neue Zeitalter, entsprechend dem Standpunkt der geschichtlichen Veränderung, den Zugang zur höchsten Wahrheit stets von selbst wieder erschließen. Alles zuvor Getane aber kann ihm dazu nur als Mittel dienen. Denn die Philosophie ist nicht eine bloß traditionelle Fortbildung irgendwelcher in der Vergangenheit aufgestellter Lehr- oder Glaubenssätze, sondern sie ist vielmehr das sich mit dem fortschreitenden Leben ebenfalls neu gestaltende Wissen von seiner universellen Einheit. Und, weil es so ist, darum muß der Aufstieg zur metaphysischen Erkenntnis stets

---

[1]) Vergl. dazu die bedeutungsvollen Ausführungen in A. Dorners Encyklopädie der Philosophie. Leipzig, Dürr'scher Verlag, 1910.

auch von dem gegenwärtigen Entwicklungszustande des Geisteslebens aus unternommen werden. „Nur im Streite gegen die wechselnden Anforderungen ihrer Lage zu anderen Bestrebungen des vernünftigen Lebens kann die Philosophie ihren Fortgang gewinnen. Beständig hat sie mit Vorurteilen der Zeit, mit den unvollendeten verworrenen Gedanken anderer Wissenschaften zu kämpfen, indem sie das Ganze unserer Denk- und Handlungsweise im Lichte der Wissenschaft abzuspiegeln sucht." Jedem Zeitalter stellt das Leben neue Aufgaben des wissenschaftlichen Erkennens. An ihrer Lösung ist die ganze Forschung beteiligt. Der eigentümliche Beruf der Philosophie aber ist es, diese neuen Probleme im Zusammenhang mit der Ganzheit des Lebens zu entwickeln und danach die Einheit des universellen Wissens entsprechend umzugestalten. Welches daher auch immer die philosophischen Methoden der früheren Zeiten waren, heut muß der Zugang zur Philosophie von derjenigen Strömung aus gesucht werden, von der unser gegenwärtiges Leben sich getragen findet.

Es ist bereits angedeutet worden, welches diese Strömung ist. Genauer kann nunmehr gesagt werden: **die neue, auf das Zeitalter unseres klassischen Idealismus folgende Geistesepoche ist vor die Aufgabe gestellt worden, die Erfahrungsquellen des gesamten Wissensgebietes einer erneuten methodischen Erforschung zu unterziehen**[1])! Wir gewahren seitdem, wie

---

[1]) Ich freue mich, darauf hinweisen zu können, daß Edmund Husserl von ganz anderen Voraussetzungen aus dieselbe Forderung erhebt, indem er erklärt („Die Philosophie als strenge Wissenschaft" Logos I, 3.): Was das besage, daß Gegenständlichkeit sei und sich als seiende und so seiende erkenntnismäßig ausweise, das muß eben rein aus dem Bewußtsein selbst evident und somit restlos verständlich werden. Und dazu bedarf es des Studiums des ganzen Bewußtseins, da es nach allen seinen Gestaltungen in mögliche Erkenntnisfunktionen tritt".

alle Wissenschaften von dem Zuge ergriffen sind, nicht nur die Natur der physischen und psychischen Erfahrung, sondern auch diejenige der moralischen und politischen, der ästhetischen und religiösen Geisteserfahrung in ihrem ganzen Umfange und ihrer strengen Bedeutung zu erfassen. Erscholl im Verlauf des 18. Jahrhunderts der Ruf: „zurück zur Natur", so lautete er im 19. Jahrhundert: „zurück zur Erfahrung"! In beiden Fällen war der Anlaß ein immer mächtiger sich gegen die herrschende Richtung regender Widerspruch; dort derjenige gegen die Ungesundheit der gesellschaftlichen Kultur, hier derjenige gegen die Übergriffe des abstrakten Rationalismus. Wie in jenem Zeitalter die Natur in ihrer wahren Bedeutung erst wieder neu entdeckt werden mußte, so in dem unsrigen die Erfahrung. Und damit stellte sich nun erst heraus, wie dieser auf die Spitze getriebene Rationalismus alle lebendige, sich wechselseitig befruchtende Beziehung zur Erfahrung allmählich verloren hatte. Das zeigte sich besonders charakteristisch daran, daß mit jener veränderten Bewegung des wissenschaftlichen Geistes, die sich zu einer erneuten Prüfung der Erfahrungsgrundlagen getrieben fand, nunmehr umgekehrt ein tiefer Verfall der philosophischen Vernunftwissenschaft eintrat. Diese Krisis der Philosophie ist bis jetzt noch nicht überwunden.

Mit den großen, bleibenden Errungenschaften, die wir der Philosophie der Vergangenheit zu verdanken haben, war doch zugleich ein Vorurteil großgezogen worden, das zu mannigfachen Verirrungen geführt hatte. Das war das rationalistische Dogma, daß die wissenschaftliche Vernunft einen von der Erfahrung völlig unabhängigen Ursprung habe. Wohl kann nicht in Abrede gestellt werden, daß die Entwicklung des Gegensatzes dieser beiden Faktoren von der höchsten, weltgeschichtlichen Bedeutung ist, und zwar um so mehr, als damit auch die Unterscheidung von Natur und Geist, von Sinnlichkeit und

Sittlichkeit, vom Reich der Welt und dem Reich Gottes im Innersten zusammenhängt. Nicht darin also kann jenes Vorurteil gesucht werden, daß diese Gegensätze überhaupt hervorgetrieben worden sind, sondern es liegt vielmehr in der abstrakten Überspannung. Infolge dieser ausschließenden Unterscheidung war der Begriff der Erfahrung zu eng und derjenige der Vernunft zu weit gefaßt worden. Daher mußte notwendig einmal die Zeit kommen, in welcher die Erfahrung endlich ihr volles Recht auch wissenschaftlich geltend machte. Dieser Umschlag ist inzwischen erfolgt und läßt sich am schärfsten an dem Verhältnis zu Kant formulieren. „Daß alle unsere Erkenntnis mit der Erfahrung anfange", so hat er seine Vernunftkritik eingeleitet, „daran ist gar kein Zweifel; wenn aber gleich alle unsere Erkenntnis mit der Erfahrung anhebt, so entspringt sie darum doch nicht eben alle aus der Erfahrung". Demgegenüber finden wir aber die gegenwärtige Wissenschaft von dem Grundgedanken beherrscht: **alle unsere Erkenntnis hebt nicht nur mit der Erfahrung an, sondern sie entspringt auch alle aus ihr.**

In diesem Gegensatz gibt sich der tiefgreifende Wandel zu erkennen, von dem sich das wissenschaftliche Bewußtsein unserer Zeit ergriffen sieht. Alle Wissenschaft ist ausnahmslos methodisch entwickeltes Erfahrungswissen, das ist der Grundsatz, der den Geist der neueren Forschung endgültig von der ganzen älteren Philosophie trennt. Von diesem Standpunkt aus sehen wir heut alle Erkenntnisunternehmungen geleitet. Nicht nur die Naturwissenschaften und die Psychologie, sondern auch die Historie, die Theologie, wie die Rechts- und Staatswissenschaften sind davon beherrscht, und nur der Philosophie ist es noch immer nicht gelungen, eine feste Stellung dazu zu nehmen. Sie ist dadurch in eine völlig verzweifelte Lage geraten und hat so gut wie allen entscheidenden Einfluß auf den Gang der Geistesentwicklung verloren. Zunächst wurden zwar nur diejenigen Bestrebungen von jenem harten Schicksal ereilt, welche die frühere Spekulation künstlich aufrecht zu erhalten und mühsam fortzuspinnen versuchten. Aber bald zeigte es sich, daß auch die spekulationsfeindlichen Richtungen des Positivismus und Psychologismus mit allen ihren Spielarten keinen festen Boden zu gewinnen vermochten, und es ist ein zutreffendes, wenn auch hartes Urteil, wenn heut von einem allgemeinen Niedergange des philosophischen Verständnisses die Rede ist.

Hierbei ist es erforderlich, einem verhängnisvollen, weit verbreiteten Irrtum zu begegnen. Als nämlich der wissenschaftliche Geist sich einer erneuten Untersuchung der Erfahrungsquellen zu widmen begann, bemächtigte sich der philosophischen Forschung die irrige Meinung daß sie unter Beiseiteschiebung aller Metaphysik nur den physiologischen Empirismus Lockes und Humes weiter auszubauen brauchte, um eine auf Erfahrung gegründete, exakte Erkenntnistheorie zu begründen. In der Tat wurde durch diese Bemühungen der nicht geringe Erfolg erzielt, daß dadurch die Psychologie endgültig erst zum Range einer Wissenschaft erhoben wurde. Indem die Beziehungen der psychischen Vorgänge zu den physischen und physiologischen Erfahrungsprozessen methodisch ermittelt wurden, ist auf diesem Wege die Physik der Natur durch eine Art Physik der Seele erweitert und ergänzt worden. Das ist ohne Zweifel eine bedeutsame Bereicherung der Naturwissenschaften und aller derjenigen Forschungen, die es mit der individuellen Natur des Menschen zu tun haben. Auch lag hierin noch keinerlei Irreführung, wohl aber darin, daß als Begleiterscheinung davon der Aberglaube großgezogen wurde, diese Seelenphysik sei die wahre Grundlage der Philosophie. Dadurch entstand eine Verwirrung sondergleichen. Denn je bestimmter sich die Psychologie als eine Disziplin der Naturwissenschaften entwickelte, desto entschiedener entfernte sie sich gerade von der Philosophie, weil diese stets auf die Erkenntnis der Einheit des Ganzen gerichtet ist, während die Natur immer nur eine einzelne Erscheinungsart dieses Ganzen ist. Philosophie ist Totalitätswissenschaft; die Naturwissenschaft dagegen ist und bleibt Spezialwissenschaft, und die physiologische Psychologie ist überdies nur ein Zweig von ihr.

Wie jedes Jahrhundert mit dem Großen und Bedeutenden, das es hervorbringt, auch einen Fundamentalirrtum erzeugt, so war es derjenige des 19. Jahrhunderts, daß die Psychologie die Grundwissenschaft aller methodischen Erkenntnis sei. Erst dadurch wurde das Ganze der Erfahrung blindlings wieder auf den Begriff eingeschränkt, den der Sensualismus des 17. und 18. Jahrhunderts sich von ihr gemacht hatte, nämlich daß alle Erfahrung lediglich auf der psychischen Wahrnehmung des Mannigfaltigen beruhe. Infolge dieser grundfalschen Voraussetzung kam die unkritische Meinung zur Herrschaft, die sich in dem Schluß ausdrücken läßt: alle Erfahrung ist psychophysischen Ursprunges; die Psychologie ist die methodische Erforschung dieser unmittelbaren Erfahrungsprozesse, folglich ist die Psychologie die Grundwissenschaft aller übrigen Wissenschaften. Das war die Folge davon, daß es die Philosophie unter den hemmenden Nachwirkungen des abstrakten Idealismus verschmäht hatte, auch ihrerseits die Erfahrungsgrundlagen einer erneuten Untersuchung zu unterziehen. Wie sie an dem einseitigen Dogma festhielt, daß die Vernunftwissenschaft einen von der Erfahrung gänzlich unabhängigen (apriorischen) Ursprung habe, so wurde nun auch von dem Psychologismus das noch beschränktere Dogma aufrecht erhalten, daß die individuellpsychische Erfahrung die ganze Erfahrung sei. Die Vorstellung, die sich Locke und Hume von der Erfahrung als einer bloß äußeren und inneren Sinneswahrnehmung gemacht hatten, war zwar ausreichend, um als Ausgangspunkt für die Begründung der Psychologie zu dienen; sie erweist sich aber gänzlich unfähig, als Anknüpfungspunkt für die Lösung desjenigen Erfahrungsproblems zu dienen, das sich die Philosophie zu stellen hat.

Wie alles, so hat die Philosophie auch die Erfahrung nicht inbezug auf ihre Sondertätigkeiten, sondern inbezug auf ihre Ganzheit zu erforschen. Ihr ausschließlicher Beruf ist es, zu ergründen, ob mit den einzelnen Erfahrungsvorgängen auch schon das Bewußtsein, Glied der universellen Wirklichkeit zu sein, unmittelbar verbunden ist. Dem Gang der geistigen Entwicklung entsprechend, hat sie sich zu fragen: ist es denn wirklich so, wie bisher immer angenommen wurde, daß uns unmittelbar nur äußere und innere Wahrnehmung, d. h. psychophysische Erfahrung des Mannigfaltigen und Individuellen gegeben ist, oder zeigt sich, zwar damit verbunden, aber deutlich davon zu unterscheiden, noch eine wesentlich verschiedene Erfahrungstätigkeit, die als solche die selbständige Grundlage einer ganz neuen Reihe selbständiger Erkenntnisse abgibt?

Es könnte ja sein, daß die Philosophie sich gezwungen sähe, diese Frage zu verneinen. Müßte sie es, dann wäre freilich damit der Nachweis geführt, daß es für uns keine andere als auf die psychophysische Erfahrung gestützte Wissenschaft geben könne. Dann wäre damit auch endgültig festgestellt, daß die Philosophie selber niemals eine selbständige Wissenschaft zu werden vermag, sondern daß sie immer nur die kritische Aufgabe habe, den Wahn zu bekämpfen, als ob es jemals ein anderes als nur endliches, relatives, aus der psychischen Sinnlichkeit entspringendes Wissen geben könne. Das würde allerdings besagen, daß unsere ganze bisherige Geisteskultur mit ihrem Glauben an ewige Geistesmächte nur ein sentimentales Phantasiegebilde sei; aber da die Wahrheit, auch wenn sie lediglich in der Aufdeckung unseres Nichtwissens von allem Übersinnlichen bestünde, doch wertvoller und wichtiger ist als alle barocken Sentimentalitäten, so müßten wir von da ab unser Leben dennoch auf dieses zwar gänzlich öde, aber mit klarem Bewußtsein erfaßte Dasein einstellen.

Umgekehrt aber, wenn die Philosophie erweisen kann, daß das Ganze unserer Erfahrung schon in seiner Unmittelbarkeit mehr als nur das psychophysische Wahrnehmen enthält, dann hat auch sie endlich die Stufe erreicht, aus einer bloß abstrakten eine konkrete Vernunft- oder Totalitätswissenschaft zu werden. Und, zugleich damit, ist sie dann auch in der Lage, unumstößlich den Nachweis zu führen, daß alle unsere höheren Kulturmächte, vor allem die Kunst, die Religion und die Sittlichkeit, nicht schwärmerische Gefühls- und Phantasieprodukte, sondern universelle Größen sind, und zwar von ebenso ursprünglicher Wirklichkeit als der sinnliche Naturzusammenhang.

Es war die Schranke der rationalistischen Philosophie, daß sie glaubte, das Reich der Erfahrung überfliegen zu können. Nur durch Abstraktion von der Erfahrung oder durch ihre dialektische Verneinung schien die Vernunftwissenschaft sich entwickeln zu können. So aber wird die Vernunft immer nur in ihrem negativen Verhältnis zur psychophysischen Erfahrung begriffen und ist als solche selbst nur eine negative Größe. Die Vernunft wurde auf diese Weise jedoch nicht im Hinblick auf die Möglichkeit ihrer unmittelbaren Verwirklichung methodisch untersucht oder mit anderen Worten darauf, ob es eine Erfahrungstätigkeit gibt, vermittelst deren die positive Natur der Vernunft erkennbar wird. Immerhin aber ist es bemerkenswert, daß dieses Problem von unserem spekulativen Idealismus zwar nicht gestellt, geschweige denn gelöst wird, wohl aber, daß es schon an seinem Horizonte, den kommenden Tag vorausverkündend, auftaucht.

Es ist jedenfalls ein sehr charakteristisches Zeichen, daß unser klassischer Idealismus, nachdem er seine Aufgabe —

die Entwicklung des Begriffs der reinen (abstrakten) Vernunft — in der Hauptsache gelöst hatte, von selbst zu einer Umwälzung der Philosophie hindrängte, und zwar auf Grund einer tieferen Erkenntnis der Erfahrungsgrundlage. So hatte schon Kant in seiner Kritik der Urteilskraft auf die Möglichkeit einer vernünftigen Gestaltung der Natur hingewiesen, deren Ergründung die Philosophie auf ganz neue Bahnen führen mußte. Vollends aber, als schon der gewaltige Einfluß Hegels im Erlöschen war, hat sich in dem Denken Schellings, dem einzig Überlebenden jener Epoche, noch am Ende seiner Tage dieser Umschwung zu vollziehen begonnen. Was ihm dabei vorschwebte, war das Bestreben, die abstrakt-rationale Philosophie zu einer positiven Erfahrungswissenschaft umzugestalten. Ihm war die Einsicht aufgegangen, daß nicht nur die Vernunft, sondern auch die Erfahrung philosophisch behandelt werden müsse. Von dieser Philosophie der Erfahrung aber hatte sich der spekulative Rationalismus seiner Generation, wie er es rein als solcher mußte, immer weiter entfernt, und nur der Sensualismus hatte sich dieses Problems, jedoch in völlig einseitiger und daher unphilosophischer Weise, bemächtigt. Dieser Unzulänglichkeit gegenüber hat Schelling die Aufmerksamkeit zuerst auf das philosophische Problem der Erfahrung gelenkt; ein Verdienst, das seine genügende Würdigung noch immer nicht gefunden hat. Geglückt aber ist ihm trotz mehrfacher Ansätze die Ausführung dieses Unternehmens nicht; seine Offenbarungsphilosophie hat trotz aller geistreichen Einzelheiten die Lösung dieses Problems in keiner Weise angebahnt.

Eine bleibende Errungenschaft seiner Erörterungen ist es aber, daß er dem, was das deutsche Wort „Erfahrung" ausdrückt, seine volle und ursprüngliche Bedeutung wiedergegeben hat. Denn eine nicht geringe Verwirrung in unserer Philosophie stammt daher, daß unter „Erfahrung" dasselbe verstanden wurde, was mit dem aus der antiken Philosophie entlehnten Begriff „Empirie" bezeichnet wird. Darin aber lag eine bedenkliche Verkümmerung der Bedeutung, die wir mit dem Namen „Erfahrung" verbinden. Empirische Erkenntnis ist nämlich nach Aristoteles und den ihm folgenden Scholastikern nur die psychische Erfassung des Besonderen (singularium cognitio), und auf diese spezifische Erfahrungsart ist dann der ganze Begriff der Erfahrung in unserer Philosophie eingeschränkt worden. Schelling versteht nun zwar auch noch unter Erfahrung und Empirie dasselbe; aber indem er jene wieder in ihrem ganzen Umfange begreift, erweitert er auch den Begriff des Empirischen über sich selbst hinaus. Besser wäre es immerhin gewesen, die Bezeichnung „empirisch" wäre als Terminus für die Erkenntnis des Besonderen festgehalten und die Erfahrung davon in der Weise unterschieden worden, daß darin alle unmittelbare Erkenntnis überhaupt, die physische und geistige, die psychische und vernünftige, mitbegriffen wird. In dieser Weise hatte schon Kant darauf gedrungen, den Charakter der Erfahrung sicherer zu bestimmen, aber erst Schelling hat deutlich erklärt: „Man versteht unter der Erfahrung, wenn von Philosophie die Rede ist, gewöhnlich nur die Gewißheit, die wir von den Außendingen, von der Existenz einer Außenwelt überhaupt mittelst der äußeren Sinne, oder die wir von den in uns selbst vorgehenden Bewegungen und Veränderungen durch den sogenannten inneren Sinn erhalten. Hier ist also angenommen, daß alles Erfahrungsmäßige nur in der äußeren oder inneren Sinneswelt sich finden könne. Wird der Empirismus völlig exklusiv, so leugnet er die Realität der allgemeinen und notwendigen Begriffe; er kann so weit gehen, selbst die rechtlichen und sittlichen Begriffe als etwas durch bloße Angewöhnung und Erziehung uns zur Natur Gewordenes anzusehen, was wohl die tiefste Stufe der Beschränktheit ist, wozu er herabsinken kann. Aber es ist unrichtig, dies alles mit dem Begriffe Empirismus notwendig verbunden zu sehen." Und er erläutert dies dann weiter noch dahin, daß er sagt: „Es ist unrichtig, den Empirismus überhaupt auf das bloß Sinnenfällige zu beschränken, als hätte er nur dieses zum Gegenstand, denn z. B. eine frei wollende und handelnde Intelligenz, dergleichen auch jeder von uns ist, fällt als solche, als Intelligenz, nicht in die Sinne, und doch ist sie eine empirische, ja sogar ein nur empirisch Erkennbares; denn niemand weiß, was in einem Menschen ist, er äußere sich denn; seinem intellektuellen und moralischen Charakter nach ist er nur a posteriori, nämlich durch seine Äußerungen und Handlungen denkbar. — Der Empirismus schließt daher keineswegs alle Erkenntnis des Übersinnlichen aus, wie man gewöhnlich annimmt." Wenn irgendwo, so macht sich hier in der Tat der Übergang zu einer neuen Epoche der Philosophie bemerkbar.

Was daher die Philosophie unter diesen Umständen in erster Linie zu tun hat, ist dies, daß sie sich durch die Psychologie den Begriff der Erfahrung nicht länger unbesehen aushändigen läßt, sondern daß sie ihn selber in seiner Totalität untersucht. Es gibt nicht nur ein psychologisches, sondern auch ein philosophisches Erfahrungsproblem. Die Philosophie der abstrakten Vernunft muß vom Boden der Totalitätserfahrung aus zu einer konkreten Geistesphilosophie umgestaltet werden. Die Psychologie und die Philosophie sind sowohl inbezug auf den Gegenstand, wie auf die Methode wesentlich verschiedene Erkenntnisarten, und daher ist diejenige Philosophie grundschlecht beraten, welche die Untersuchungen der Psychologie schlechtweg zu ihrer Voraussetzung macht. Es ist ein Unding, wenn sich die Totalitätswissenschaft auf die Ergebnisse einer Spezialwissenschaft zu stützen sucht. Wo das geschieht, muß notwendigerweise eine verhängnisvolle Verkümmerung des Geisteslebens eintreten. War die Philosophie der Behandlung des eigenen Erfahrungsproblems ausgewichen und dadurch in den Bann des Psychologismus geraten, so muß sie sich, um zu erstarken, erst wieder daraus lösen. Das aber kann sie nur, wenn sie endlich Ernst damit macht, zu zeigen, daß es nicht bloß eine psychologische, sondern unabhängig davon eine philosophische Grundtätigkeit des Erfahrungsbewußtseins gibt. Die Philosophie der Erfahrung ist das Problem der gegenwärtigen Philosophie.

Der wesentliche Mensch.

Es kennzeichnet den Charakter der neueren Wissenschaft, daß sie keine Erkenntnis gelten zu lassen vermag als diejenige, welche auf Erfahrung gegründet ist. Darin äußert sich der prinzipielle Entschluß, alle andere Autorität abzuschütteln mit Ausnahme derer, die sich die wissenschaftliche Erkenntnis selbst zu geben vermag. Auch die Entwicklung der Wissenschaft hat ihre Lehr- und Wanderjahre zurücklegen müssen, und so lange sie diese noch nicht beendet hatte, mußte sie es auch ertragen, daß traditionelle Gewalten anderer Art ihren Gang mitbeeinflußten. Kommen aber mußte einmal die Zeit, wo sie ihres eigenen Geistes mächtig ward, und damit war auch die Epoche angebrochen, von wo ab sie das Maß und Ziel ihres eigenen Tuns frei aus sich selbst zu bestimmen begann. Dieses Zeitalter der unbedingten Freiheit der Wissenschaft war aber emporgetaucht, als sie es wagen konnte, für den ganzen Umkreis ihres Forschungsgebietes jenen Grundsatz zu proklamieren, daß alle unsere Erkenntnis nicht nur mit der Erfahrung anhebt, sondern daß sie auch alle aus ihr entspringt.

Man muß sich zum Bewußtsein bringen, welch bedeutsame Wendung und Wandlung sich mit diesem Vorgang vollzogen hat! Welches ist der tiefere Sinn und die treibende

Kraft, die nunmehr die Wissenschaft dahin gedrängt haben, im Gegensatz zu der ganzen vorangehenden Entwicklungsepoche das Prinzip aufzurichten: Die Erfahrung ist die unmittelbare Quelle aller unserer Erkenntnis —? Darauf ist zu antworten, daß damit endgültig erst zur Anerkennung gebracht wird, daß es für uns schlechterdings keine andere Wahrheit gibt als diejenige, welche in der Natur und dem Wesen des menschlichen Erkennens zur Verwirklichung kommt. Wissenschaft heißt, die Erkenntnis der wahren Wirklichkeit von der Grundlage ihrer sich im Menschen vollziehenden Erfahrung aus methodisch zu entwickeln. Es gibt keine andere Erkenntnis der Wahrheit außer der, die in der Natur des wesentlichen Menschen ihren Ursprung hat. Und wenn uns unabhängig davon eine außerhalb der Möglichkeit unserer Erfahrung liegende Wahrheit mitgeteilt würde, so vermöchten wir sie nicht zu verstehen und daher auch nicht als wahr anzuerkennen. Eben das ist es, was jene Forderung, die Erfahrung zur Grundlage der gesamten Wissenschaft zu machen, zum Ausdruck bringt, — nämlich, daß der menschliche Begriff der Wahrheit nur daraus hervorzugehen vermag, was wir selbst irgendwie psychophysisch oder geistig in unserem Bewußtsein begründet finden.

Es hat lange gedauert, bis die Menschheit endlich zu der Einsicht hindurchgedrungen ist, daß alles Wissen der Wahrheit uns nur vom Boden der Erfahrung aus erreichbar sei, und zwar einer solchen Erfahrung, die nicht bloß diesem oder jenem Auserwählten zu teil wird, sondern die schlechthin zum Wesen unserer ganzen Gattung gehört. Solange daher die Wissenschaft nicht in aller Strenge den Grundsatz aufzustellen vermochte, daß sie keinerlei andere Wahrheit gelten lassen könne als nur solche, die durch die allgemeinmenschliche Erfahrung vermittelt ist, solange mußte sie es sich auch gefallen lassen, sich durch Lehren anderen Ursprunges bevormunden zu lassen. Gewiß ist es nicht die

Wissenschaft allein, die uns die tief verborgene Weisheit des Lebens enthüllt, denn dazu wirken noch manche anderen Geistesmächte mit. Die Wissenschaft erzeugt nicht den Genius, sondern sie lebt von ihm. Was aber verdanken wir dem Genie des Propheten und Poeten, des Denkers und Staatsmannes anderes als die schöpferische Macht nach und nach die schlummernden Keime, die bis dahin noch im Schoß unseres unentwickelten Erfahrungsbestandes verschlossen lagen, endlich ins Leben zu rufen. Der Genius ist es, der die noch ungehobenen Schätze unseres menschlichen Erfahrungsbesitzes ans Licht bringt! Darum, wie wunderbar uns auch die Tat eines solchen Heroen anmuten mag, so besteht doch dies Wunder zuletzt darin, daß dadurch in lebendige Wirksamkeit gesetzt wird, was dem Menschen als Menschen von Ewigkeit her zu eigen gegeben ist. Auch die Schöpfungen des Genius gründen sich auf den Bestand des menschlichen Erfahrungsreiches.

Der Mensch, der sich mit der Einheit des Ganzen aller möglichen Erfahrung selbst eins weiß, ist das unmittelbare Objekt aller wissenschaftlichen Erkenntnis. Darin drückt sich die Konzentration der Wissenschaft aus, nachdem sie die Erfahrung zur ausschließlichen Grundlage aller ihrer Erkenntnisbestrebungen gemacht hat. Die Reiche der Natur, der Geschichte, der Religion, — was sind sie, als nur Absonderungen aus dem Ganzen der sich in dem menschlichen Erfahrungsbewußtsein vergegenwärtigenden Wirklichkeit! Und die schöpferische Grundeinheit dieser Wirklichkeit ist für uns nirgends anders erfaßbar als durch die alle endlichen Gegensätze in sich aufhebende Bewußtseinstätigkeit, deren wissenschaftliche Form das universelle Denken ist. Ein jedes solches Selbstbewußtsein stellt mit seinem Erfahrungsbewußtsein dieses Ganze für sich dar, und zu diesem Erfahrungsinhalt des Menschen gehören mit der räumlichen Natur auch die übrigen Individuen, wie er selbst wieder umgekehrt eine Erfahrungsgröße dieser darstellt. Streng genommen ist es demnach immer nur das Erfahrungsganze der eigenen Menschheit, das der Forscher zum Gegenstand seiner wissenschaftlichen Untersuchungen macht.

Wenn man sich durch den rohen Empirismus nicht verwirren läßt, so liegt also in der Tatsache, daß sich die neuere Wissenschaft grundsätzlich in allem auf die Erfahrung beruft, der bedeutsame Fortschritt, daß von dem wissenschaftlichen Bewußtsein damit die abstrakte Trennung des Menschen von der übrigen Welt der Natur, der Geschichte und des Geistes endgültig aufgehoben ist. Jeder Mensch bildet mit dem sinnlichen und geistigen Universum ein konkretes Ganzes, dessen Einheit sich ihm in seinem denkenden Bewußtsein vergegenwärtigt. Von der Luft an, die wir atmen, bis zu dem Sternenhimmel hinauf, der sich über uns wölbt, samt den Vorgängen des geistigen Lebens gibt es nichts in der weiten Welt, das in seiner Unmittelbarkeit nicht ausnahmslos zu unserem Erfahrungsbewußtsein gehört. Die individuelle Schranke unseres Erfahrungswissens liegt nur darin, daß wir die endliche Bestimmtheit dieses allumfassenden Erfahrungszusammenhanges nicht auch auf einmal positiv zu erfassen vermögen, sondern daß wir uns ihrer erst in der räumlichen und zeitlichen Fortbestimmung unseres vorhandenen Bewußtseins vergewissern müssen. Sie liegt ferner darin, daß auch die geistigen Lebensprozesse erst ihrer psychischen Verendlichung enthoben werden müssen, um in ihrer vollendeten Wahrheit begriffen zu werden. Immer aber bleibt es dabei, daß wir gar nichts anderes zum Gegenstand unseres Erkennens haben, als unseren eigenen Erfahrungszusammenhang. Der Grundsatz, daß sich alle Wissenschaft auf Erfahrung gründe, bringt daher, in seiner ganzen Bedeutung genommen, die Einsicht zu vollendetem Abschluß, daß alle Erfahrungserkenntnisse nur verschiedene Arten unserer wahren Selbsterkenntnis sind.

Stehen wir aber damit nicht vor einem tiefen Abgrunde, in den die ganze bisherige Kultur zu versinken scheint? Ist es dann nicht so, daß Plato für immer abgetan und Protagoras auf der ganzen Linie Sieger geblieben ist? Denn dieser Sophist war es doch, der die Summe aller Weisheit in den Satz zusammenfaßte: „Der Mensch ist das Maß aller Dinge." Was hat es genützt, daß ihm Plato erwiderte: nicht der Mensch, sondern Gott ist das wahre Maß! Was hat es geholfen, daß nicht nur die Kultur des Hellenentums, sondern auch diejenige des Christentums der Weisung Platos gefolgt ist, wenn sich die Wissenschaft unseres Zeitalters doch zu dem Eingeständnis gezwungen glaubt, daß der Mensch schlechterdings die Wirklichkeit nur aus seiner eigenen Erfahrung zu erkennen und danach alles zu bestimmen vermag. In der Tat sehen wir denn auch, daß der Psychologismus sich offen oder versteckt nunmehr zu jener protagoreischen Lehre bekennt und ganz folgerecht seinen Höhepunkt in der Proklamierung jenes brutalen Übermenschentums gefunden hat, das zielbewußt auf die Zerstörung aller bisherigen Geisteserrungenschaften ausgeht. Zersetzung der Metaphysik, Zersetzung der Religion, Zersetzung der sittlichen Weltordnung, — kurz Umwertung aller Werte, das sind die sophistischen Schlagworte, unter denen heute der Angriff auf die bestehende Kultur geführt wird.

Aber wie jene alte Sophistik, so ist auch diese moderne nur ein Auswuchs und eine Begleiterscheinung des Beginnes einer neuen Geistesepoche. Sie ist es, durch die der Mensch anstelle aller bloßen Abstraktionen endlich das einzige Konkrete, nämlich die mit ihm gesetzte Totalität zum ausschließlichen Gegenstand seiner Erkenntnis macht. Nicht von der „Natur an sich" wie die ältere Naturwissenschaft, noch von der „Vernunft an sich" wie die frühere Philosophie, noch von sonst einem abstrakten „Ansich" geht diese neue Erkenntnis aus, sondern allein von der Totalität der

Erfahrung, deren schöpferischer Urfaktor sich darin unmittelbar zu erkennen gibt. Kein Denker denkt etwas anderes, als das sich ihm selbst vergegenwärtigende Wirken des Ganzen; kein Forscher erforscht etwas anderes als den mit ihm selbst gesetzten Erfahrungszusammenhang und kein Weiser weiß etwas anderes als die sich dem Menschen offenbarende Wahrheit. Wenn aber dies der wahre Sinn des Grundsatzes ist, daß alle Wissenschaft notwendig Erfahrungswissenschaft ist, — hat dann nicht Protagoras doch recht, daß der Mensch das Maß aller Dinge sei? — Darauf lautet die Antwort: Protagoras hat nicht darin unrecht, daß er überhaupt den Menschen zum Ausgangspunkt alles Erkennens und Handelns macht, wohl aber darin, daß er nicht den wahren Menschen zum Träger des gesamten Erkenntnisprozesses erhoben hat, sondern vielmehr denjenigen Menschen, der seine individuelle Beschränktheit zum Maßstab aller Lebensbestimmungen macht.

Welches ist aber der wahre Mensch? — Es ist nicht zuviel behauptet, wenn gesagt wird, daß die Lösung dieser Frage das Hauptproblem der ganzen Geisteskultur ist. Von Sokrates an ist die Philosophie unaufhörlich damit beschäftigt. Und wenn Plato gegen seinen sophistischen Gegner geltend machte, daß nicht der Mensch, sondern Gott das Maß aller Dinge sei, so war dies der erste zielsichere Schritt, mit dem diese Entwicklung begann. Es ist der Philosophie damit ergangen wie der Religion. Auch diese mußte, um den wahren Menschen zu verwirklichen, erst den Gegensatz zwischen Gott und dem individuellen, selbstischen, endlichen Menschen in aller Schärfe ausprägen und durch alle Stufen hindurch entwickeln, ehe sie die konkrete Einheit der abstrakten Gottheit und der abstrakten Menschheit in dem Typus des geistigen Menschen oder des Gottmenschen erfaßte. Ebenso begann mit Plato die philosophische Entwicklung dieses Problems, als er gegenüber dem psychischen Menschen in dem göttlichen Geist das allbestimmende Lebensprinzip erkannte. Geendet aber hat diese erste Epoche der Philosophie in unserem klassischen Idealismus damit, daß nicht der konkrete Begriff des Menschen, sondern der abstrakte Begriff der reinen Vernunft zum Grundfaktor aller strengen Wissenschaft proklamiert wurde.

Nun aber hat eine neue Geistesepoche damit eingesetzt, daß die Wissenschaft schlechterdings keinerlei abstrakt Allgemeines — weder dasjenige der bloßen Materie, noch dasjenige der reinen Vernunft — länger als ihr Grundprinzip anerkennen kann, sondern vielmehr das wahrhaft Konkrete, das ihr allein in dem wesenhaften Menschen mit seinem Erfahrungszusammenhange unmittelbar gegeben ist. Ohne Zweifel ein großes und verheißungsvolles Unternehmen! Um so größer aber ist die Gefahr, daß auch hier die falsche protagoreische Vorstellung vom Menschen als dem bloß psychophysischen Individuum wieder alles in Verwirrung bringt. Denn dieser psychische Mensch mit seiner rein individuellen Erfahrung ist auch nur ein Abstraktum und daher nicht diejenige Größe, auf welche sich die Wissenschaft stützen kann, um zur konkreten Gestaltung der Wahrheit zu gelangen. Er ist es, der erst seine individuelle Erfahrung von dem universellen Erfahrungsganzen abstrahiert und dann hinterher diese seine individuell-psychische Erfahrungsart zum Kriterium alles Übrigen macht. Tatsächlich ist es denn auch dieser neuen Geistesbewegung nicht erspart geblieben, erst auf jenen sophistischen Irrweg des Psychologismus zu geraten und damit eine tiefgehende Erschütterung des Wahrheitsbewußtseins hervorzurufen. Nicht oft und nachdrücklich genug kann daher wiederholt werden, daß der Mensch, mit dem es die empirische Psychologie zu tun hat, nicht das wahrhaft wissenschaftliche Erfahrungssubjekt ist.

Das eben ist die Verblendung, von der unser gegenwärtiges Geschlecht befallen ist, daß es mit der Zurückführung aller seiner Erkenntnis auf die psychische Erfahrung nicht den wesenhaften, sondern vielmehr den individuell beschränkten, psychischen Menschen zum Kriterium aller theoretischen und praktischen Beurteilung gemacht hat. Wohin wir auch sehen, überall hat der sophistische Wahn von neuem Wurzeln gefaßt, daß das natürliche Individuum, wie es seine psychische Verselbstigung der ganzen übrigen Erfahrungswelt abstrahierend entgegensetzt, den Charakter unserer Menschheit bestimme. Wie zur Zeit Platos und Kants hat daher auch heut die Philosophie den dringendsten Anlaß, die Hohlheit dieser Psychosophistik und ihrer Erkenntnistheorie aufzudecken [1]).

Nur das Subjekt, das sich in der lebendigen Einheit mit der schöpferischen Urenergie der Erfahrungstotalität erfaßt, ist der wahrhaft konkrete Mensch. Und mit keinem anderen Subjekt hat es auch die Erfahrungswissenschaft zu tun. Denn, welche Erkenntnisse die Wissenschaft auch immer erzeugen mag, diese konkrete Bewußtseinseinheit des Menschen ist das ewige und mit sich selbst gleiche Subjekt aller Erfahrungsurteile [2]).

Diese unsere konkrete Menschheit erfassen wir nicht durch unsere psychophysische Erfahrung. Das ist das Erste, was

---

[1]) Von dieser Bewegung sagt Windelband (Die Kultur der Gegenwart — Teil I Abteilung V): „Man fiel in den Irrtum der Aufklärungsphilosophie zurück, wenn man die Erkenntnistheorie prinzipiell als eine Lehre von der Entstehung und Entwicklung der Vorstellungen behandelte und wenn man diese Methode dann folgerichtigerweise auch auf ethische und ästhetische Probleme übertrug".

[2]) Dasselbe, nur vom Objekt ausgehend, hat bereits Hegel dargelegt, indem er erklärte: „Das absolute Objekt, die Wahrheit, ist der Geist, und weil der Mensch selbst Geist ist, so ist er sich in diesem Objekte gegenwärtig und hat so in seinem absoluten Gegenstande das Wesen und sein Wesen gefunden. Damit aber die Gegenständlichkeit des Wesens aufgehoben werde und der Geist bei sich selber sei, muß die Natürlichkeit des Geistes, worin der Mensch ein besonderer und natürlicher ist, negiert werden, damit das Fremdartige getilgt werde und die Versöhnung des Geistes sich vollbringe."

wieder zur vollen Einsicht gebracht werden muß. Was wir psychisch erfahren, ist nicht die Beziehung der Inhalte, Zustände und Vorgänge unseres Bewußtseins auf dem wahren Grund unseres Ichs, sondern immer nur auf diejenige Bestimmtheit, welche lediglich die individuelle Besonderung und Beschränkung unseres endlichen Ichs ausmacht. Auf die bloße Veranlassung unseres psychischen Wahrnehmens hin würden wir ebenso wie die Tiere nicht einmal zum Bewußtsein des Ich gelangen, sondern allein zu der bloß zufälligen Aneinanderreihung individueller Erlebnisse. Diese psychische Beziehung der Erlebnisse auf die individuelle Verselbstigung bringt wohl gewisse Zusammenhänge oder Assoziationen hervor, erzeugt aber niemals eine durchgehende und allgemeingiltige Erfahrungseinheit. Wenn die Psychologen daher von vorherein mit einer solchen Einheit operieren, so ist das eben eine jener Voraussetzungen, die nicht dem psychischen Erfahren entstammen, sondern aus einem tieferen Erfahrungsquell entspringen. Es ist gerade der Mangel aller bisherigen Psychologie, daß sie zur keiner sicheren Formulierung des Begriffs der psychischen Erfahrung gekommen ist und sich daher nach allen Seiten hin unwissenschaftlicher Grenzverletzungen schuldig gemacht hat. **Psychische Erfahrung ist schlechterdings nichts anderes als das Innewerden aller Bewußtseinsbestimmungen in der gefühlsmäßigen Form der natürlichen animalischen Individualbestimmtheit.** An sich ist daher die psychische Wahrnehmung diejenige Erfahrungsart, die wir mit den Tieren gemein haben.

Im Menschen aber kommt nun zugleich mit den animalisch-psychischen Erlebnissen eine ganz neue Erfahrungsart zur Verwirklichung. Sie ist am deutlichsten daran kenntlich, daß mit ihr erst der Gegensatz der objektiven im Verhältnis zur individuellen-psychischen Erfahrung erwacht. Wie dieser Gegensatz noch nicht für die auf der Stufe der

Tierheit verharrenden Wesen hervortritt, so liegt er auch jenseits der Grenzen der eigentlichen Psychologie. Denn das ist das Charakteristische, daß die objektive Erfahrungsart kein Entwicklungsprodukt des psychischen Erlebens ist, sondern daß sie diesem völlig entgegengesetzt ist. Nicht in der natürlichen Seele als der Individualbestimmtheit des empirischen Lebens hat sie ihren Ursprung; vielmehr negiert sie diese individuell-psychische Bestimmtheit grundsätzlich und ist daher der Ausdruck einer ganz andersartigen Lebenstätigkeit, die erst das Wesen des Menschen wahrhaft vergegenwärtigt. Diese Tätigkeit wird „Geist" genannt. Tritt die Seele noch innerhalb der Grenzen der natürlichen Entwicklung hervor und zwar in der Weise, daß sie den Abschluß dieser Entwicklungsart bezeichnet, so ist der Geist die von aller Naturgebundenheit frei gewordene Lebensmacht, die ihre Selbständigkeit negativ durch die Aufhebung der psychischen Individualisierung, positiv durch die allgemeingültige Vergegenständlichung der unmittelbaren Erfahrung dartut. Dementsprechend besteht die objektive Wahrnehmung darin, daß die Erfahrungsbestimmungen auf diese Weise nicht mehr vom Standpunkt der psychischen Natur, sondern von demjenigen des geistigen Wesens aus und d. h. nicht mehr auf Grund ihrer individuellen, sondern auf Grund ihrer universellen Bestimmtheit erfaßt werden. Indem aber alles und jedes so eine geistige Gestaltung empfängt, beginnt damit im Gegensatz zur Naturentwicklung ein neuer, auf wesentlich anderer Grundlage ruhender Entwicklungsprozeß.

Mit der Verlebendigung dieser geistigen Erfahrungsart gelangt nun in der Tat erst zur Verwirklichung, was den Menschen zum Menschen macht. Das ist der wesentliche, geistige Mensch, der sich an der fortschreitenden Aufhebung des natürlichen Menschen entwickelt, und der als solcher in allen Individuen ein und derselbe ist. Er ist es, der uns dem Zwange der Natur enthebt und das neue Reich der universellen Freiheit stiftet. Mit ihm erst erhebt sich die Persönlichkeit des Menschen von ihrer psychischen Individualität zur geistigen Universalität. Vergegenwärtigte sich dieser geistige Einheitsmensch nicht über unseren psychophysischen Sondermenschen hinaus, so würde der Mensch ebensowenig wie das Tier zur freien Gestaltung des göttlichen Lebens gelangen. Es würde dasjenige Reich unverwirklicht bleiben, dessen Lebenssphäre die soziale Sittlichkeit und fernerhin die Kunst, die Religion und die Wissenschaft ist. Denn nur dadurch, daß der Mensch sein Wesen mit der schöpferischen Einheit des Ganzen als wesenseins erfährt, weiß er sich auf Grund dieses Energieprinzipes seiner geistigen Menschheit darin auch mit der ganzen Schöpfung eins, und allein darauf beruht die Einheit des Schauens und Fühlens, des Wollens und Denkens. Wären wir nur psychophysische Menschen, so würden wir auch nur erfahren, daß jedes Individuum anders ist als das andere, und wir würden niemals mit Sicherheit feststellen können, ob es eine wesentliche Übereinstimmung zwischen ihnen gibt, da die Individualität eines jeden von der seines Nächsten verschieden ist und niemals unmittelbar Gegenstand der Erfahrung eines anderen werden kann. Der geistige Mensch aber, dessen Persönlichkeit mit der Einheit des Ganzen weseneins und demgemäß in allen Individuen dieselbe ist, erzeugt erst die Möglichkeit, daß sich in ihm das Menschengeschlecht zu einer geistigen Einheit theoretisch und praktisch zusammenschließt. Wie der Apostel Paulus vom Standpunkt des religiösen Universalbewußtseins aus erklärte, daß der psychische Mensch der verwesliche, der geistige aber der unverwesliche sei, so kommt auch die Philosophie zu dem Ergebnis, daß, in ihrer Sprache ausgedrückt, der psychische Mensch der unwesentliche, der geistige aber der wesentliche ist.

Worin gibt sich uns nun das Wesen des geistigen Menschen

Der Ursprung der Objektivität.

zu erkennen? — Es ist bereits darauf hingewiesen worden, daß die unmittelbare Tätigkeit des geistigen Bewußtseins sich negativ darin auswirkt, an dem Erfahrungszusammenhange die Beschränktheit der individuell-psychischen Bewußtseinsbestimmtheit aufzuheben und ihn dadurch in seinem für alle geistigen Wesen gleichen Dasein zu vergegenwärtigen. Der psychophysische und geistige Mensch hat es also mit demselben Erfahrungsinhalt zu tun; der Unterschied aber liegt darin, daß der psychophysische Mensch die Erfahrungsbestimmungen lediglich in der Form seines spezifischen Individualbewußtseins auffaßt, während der geistige Mensch sie unabhängig davon in der Form des Universalbewußtseins vorstellt. Erst durch diesen Vergeistigungsprozeß tritt dementsprechend der Gegensatz der äußeren und inneren, der objektiven und subjektiven Erfahrung hervor, während jedes psychophysische Bewußtsein nur seine individuelle Erfahrung kennt. Im Gegensatz zu dem Individualbewußtsein vergegenwärtigt sich nämlich der Erfahrungszusammenhang, wie er in der Form des geistigen Universalbewußtseins ist, als ein positiv allgemeines und daher nicht-individuelles Dasein, so daß er durch die geistige Negierung der individuellen Beschränktheit dem psychophysischen Subjekt entgegengesetzt (objektiviert) erscheint, ferner, daß er infolge dieser Negierung für jedes geistige Bewußtsein derselbe ist, und endlich, daß er in dieser Bewußtseinsart als durchgängig universell bestimmt auftritt. Was daher im Gegensatz zu dem individuell-psychischen Erfahrungszusammenhange den Charakter des positiv Allgemeingültigen an sich trägt, das ist das, was den Begriff der Objektivität ausmacht. Wie sich dementsprechend die verschiedenen Arten von Objektivität auch immer unterscheiden mögen, so müssen sie doch darin alle übereinstimmen, daß sie durch diesen Bestimmungsfaktor der positiven Allgemeingültigkeit begriffen werden. Diese Objektivierungstätigkeit ist aber das, worin sich das Wesen des geistigen Menschen zu erkennen gibt.

Es war also keineswegs zutreffend, wenn Kant für die objektive Erfahrung das Kennzeichen der Allgemeingültigkeit und Notwendigkeit geltend machte; denn nicht die notwendige, sondern die positive Allgemeingültigkeit konstituiert den Begriff der Objektivität. Dadurch, daß die Geistestätigkeit die Erfahrungsbestimmungen aus der Beschränktheit der individuellen Bewußtseinsbestimmtheit heraushebt und jene als in einem allgemeinen Bewußtsein positiv gegeben vorgestellt, wird jede Erfahrungsart, sie sei nun eine sachliche oder persönliche, eine psychische oder geistige, auf ihre Weise objektiviert. Dieser die Schranken der psychischen Erfahrung negierende Geistesprozeß ist der gemeinsame Urgrund aller objektivierenden Anschauungs- und Begriffsformen, aber, obwohl Kant einen solchen einheitlichen Quell mutmaßte, wußte er ihn doch nicht positiv erkennbar zu machen. Das aber ist notwendig; denn ohne diesen Faktor der Individualverneinung steht die Universalbejahung des objektiven Erfahrungszusammenhanges trotz aller Vernunftkritik auf schwankendem Grunde. Durch die Negierung der Schranken des psychophysischen Menschen gelangt der geistige Mensch erst als konkrete Größe zur Verlebendigung, und das Wesen dieser Konkretheit kommt damit zugleich in der Objektivierung seines Lebenszusammenhanges zum Ausdruck.

Wie aber ist dieses positive Wesen des geistigen Menschen erkennbar zu machen? Eben nicht anders als durch die Ermittlung der Arten seiner Objektivierung. Durch diese objektive Vergegenwärtigung der Ganzheit seines Daseinszusammenhanges kommt das Wesen des geistigen Menschen konkret zur Erscheinung.

Wieviel solcher objektiven Erfahrungsarten gibt es also? — Es ist merkwürdig; die vorkantische Philosophie wie Kant selber kennt nur eine, nämlich den objektiven Erfahrungszusammenhang der physischen Welt. Nur dem Ding, der Sache, dem physischen Gegenstand wurde objektive Bedeutung zugesprochen. Das aber ist diejenige Objektivität, mit der sich die mathematisch-mechanische Naturwissenschaft zu befassen hat, und daher schränkte Kant die Gültigkeit unserer theoretischen Erkenntnisse auf das Gebiet dieser Art der wissenschaftlichen Forschung ein. Auch er erkannte noch nicht, daß es außer der Objektivierung unserer sachlichen Bewußtseinsbestimmungen eine objektive Gestaltung der Verhältnisse unseres persönlichen Daseins gibt. Nach ihm ist die Gesetzgebung der praktischen Vernunft nur von formaler, subjektiver Wirkung nicht aber von objektiver Bedeutung wie diejenige der theoretischen Vernunft.

Erst den unmittelbaren Nachfolgern Kants war es vorbehalten, die Gestaltung des sozialen Lebenszusammenhanges der geschichtlichen Welt als die zweite Objektivierungsart des Geistes erkennbar zu machen. Und wenn Fichte, Schelling und Hegel auch kein anderes Verdienst um die Philosophie hätten, so könnte ihnen doch dasjenige nicht geschmälert werden, daß sie den Charakter der ethischen Objektivität endgültig sichergestellt haben. Begannen die darauf gerichteten Bestrebungen auch bereits im Zeitalter der Renaissance, so gelang es doch erst diesen Denkern, zur Einsicht zu bringen, daß in demselben Verhältnis wie die Natur das Reich der physischen Objektivität, so die Geschichte das Reich der ethischen oder sozialen Objektivität ist. Damit erfuhr der Begriff der Objektivität eine prinzipielle Erweiterung und Vertiefung.

Noch Kant also war dabei stehen geblieben, daß es keine andere Objektivität gebe als diejenige des mechanischen Naturzusammenhanges. Wie seine Vorgänger hatte zwar auch er sich damit abgemüht, ein der Gesetzmäßigkeit der Natur entsprechendes objektives Gesetz der geschichtlichen Entwicklung aufzuspüren und so die Geschichte mit der Natur und die Freiheit mit der Notwendigkeit in Einklang zu bringen. Aber alle diese Versuche mißlangen, und sie mußten mißlingen, weil derjenige Begriff, der hierbei zu Grunde gelegt wurde, nur die spezifische Art der physischen Objektivität ausmachte und als solcher auf die anderen Arten des Objektivierungsprozesses unanwendbar ist. Es mußte eben erst erkennbar gemacht werden, daß das Leben der sittlichen Vergesellschaftung das Gesetz seiner objektiven Vergegenwärtigung in sich selber trägt und nicht aus der Natur der mechanischen Gesetzmäßigkeit abgeleitet werden darf. In der Natur finden wir die Erfahrungsprädikate in ein objektives Verhältnis gebracht, in der Geschichte dagegen die Erfahrungssubjekte. Die Person als das sich selbst gleiche Ich, das von allem Nicht-Ich zu abstrahieren und sich dadurch gegen dieses in Freiheit zu setzen vermag, ist der Faktor, dessen Verhältnis zu der Mannigfaltigkeit der übrigen Personen durch die geschichtliche Entwicklung in ein einheitliches Verhältnis gebracht wird. Ist es aber der Freiheitssinn, durch den sich das menschliche Ich, von allem anderen abstrahierend, als sich selbst gleiche Person positiv zu erfassen vermag, so ist die Freiheit auch die gemeinschaftliche konkrete Grundbestimmtheit, aus der alle Regeln und Gesetze der persönlichen Verhältnisbestimmung ihre geschichtliche Objektivitätsform empfangen. Diese Ausführung gipfelt dann in dem Nachweis, daß das Gesetz der Freiheit als einer positiven Größe in der Erzeugung des Rechtes der Gesellschaftsmoral und der Staatseinheit zur Verwirklichung gelangt. Wie der Raumsinn die sachlichen Erfahrungsattribute in ein physisches Objektivitätsverhältnis bringt, so der Freiheitssinn die Erfahrungssubjekte in ein ethisches Objektivitätsverhältnis. Und wie sich das physische Ding als die objektive Einheit der räumlich bestimmten Erfahrungsattribute zu erkennen gibt, so ist die geschichtliche Hervorbringung des Staates die objektive Einheit der Erfahrungssubjekte auf Grund der rechtlichen und sozialethischen Verhältnisbestimmung ihrer persönlichen Freiheit. Erkläre, was das Ding ist, und du hast den Begriff der physischen Objektivität; erkläre, was der Staat ist, und du hast den Begriff der ethischen Objektivität! Jene ist sachlichen Charakters und beruht daher auf der Gesetzmäßigkeit des physischen Zwanges, diese ist persönlichen Charakters und beruht dementsprechend auf der Gesetzmäßigkeit der sittlichen Freiheit. Kommt ferner der Begriff des Dinges nur in der Mannigfaltigkeit der empirischen Dinge zur vollen Verwirklichung und bildet so das physische Reich der Natur, so verwirklicht sich auch der Begriff des Staates nur in der Fülle der empirischen Staaten und entwickelt sich so in dem sittlichen Reich der Weltgeschichte.

Der mechanische Naturzusammenhang ist also nicht die Vergegenwärtigung der Objektivität unseres Erfahrungsbewußtseins schlechthin, sondern er ist nur eine Art dieses Objektivierungsprozesses. Eine zweite Art ist diejenige der objektiven Verwirklichung der sittlichen Freiheit unserer menschlichen Persönlichkeit. Beide gehören zum Wesen des Menschen, aber sie bringen verschiedene Seiten dieses Wesens auch verschieden zum Ausdruck. Die physische Objektivierungsart stellt dasjenige als in einem allgemeingültigen Zusammenhang verknüpfbar dar, was die sachliche, unpersönliche Inhaltsbestimmtheit des menschlichen Erfahrungsbewußtseins ausmacht; die ethische dagegen bringt diejenige Lebenstätigkeit in einen allgemeingültigen Zusammenhang, infolge deren sich die Erfahrungssubjekte als freie Personen erfassen. Jenes ist die Allgemeingültigkeit des Unpersönlichen und daher Unfreien oder Notwendigen, dieses die Allgemeingültigkeit der Freiheit. Wesentliches Kennzeichen der Objektivität ist also nur die Allgemeingültigkeit, die eben besagt, daß die Erfahrungsfaktoren durch den Objektivierungsprozeß der individuellen Beschränktheit des psychophysischen Bewußtseins enthoben werden. Nicht aber gehört zu dem Begriff der Objektivität, wie Kant meinte, ohne weiteres auch die mechanische Notwendigkeit; denn es gibt nicht nur eine Allgemeingültigkeit des Notwendigen, sondern auch eine solche der Freiheit. Notwendigkeit und Freiheit bestimmen nur Arten der Objektivität. Und so ist der Staat die Verwirklichung der persönlichen Allgemeingültigkeit in der Form der Freiheit, die Natur dagegen ist diejenige der sachlichen Allgemeingültigkeit in der Form der Notwendigkeit.

So aber bringen Natur und Staat die Wesensbestimmtheit des konkreten Menschen zum Ausdruck, wie sie unabhängig von seiner individuellen Auffassungsform besteht. Es vergegenwärtigt sich darin, was der Mensch als Mensch abgesehen von aller individuellen Differenzierung ist. Die Natur stellt die konkrete Einheit der sachlichen, der Staat diejenige der persönlichen Bestimmtheit der Individuen dar. Inbezug auf den letzteren hat bereits Schiller erklärt: „Jeder individuelle Mensch trägt der Anlage und Bestimmung nach einen reinen, idealischen Menschen in sich, mit dessen unveränderlicher Einheit in allen seinen Abwechselungen übereinzustimmen die große Aufgabe seines Daseins ist. Dieser reine Mensch, der sich, mehr oder weniger deutlich, in jedem Subjekt zu erkennen gibt, wird repräsentiert durch den Staat, die objektive und gleichsam kanonische Form, in der sich die Mannigfaltigkeit der Subjekte zu vereinigen trachtet." Dagegen wäre nur einzuwenden, daß der Staat nicht die idealische, sondern die sittliche Wesensbestimmtheit des Menschen ausmacht. Die idealische wird durch eine noch über den Staat hinausgehende Objektivierungsform repräsentiert. Dabei wird hier davon abgesehen, wie Natur und Staat auf das Individuum wirken und wie dieses auf jene zurückwirkt. Nur der Gegensatz soll hier geltend gemacht werden, daß durch die Aufhebung unserer individuellen Besonderung in der Natur die physische und im Staat die sittliche Wesensbestimmtheit des Menschen überhaupt zur Verwirklichung gelangt. Stellt sich in der Individualität die Eigentümlichkeit dar, durch welche jeder Mensch von allen andern unterschieden ist, so ist das Wesen die allen Individuen gemeinsame Grundbestimmtheit. Und diese Wirklichkeit ist dementsprechend das, was unseren wesentlichen Menschen ausmacht. Dieser wesentliche Mensch aber ist nicht bloß eine abstrakte Vorstellung, sondern eine konkrete Größe. Er ist der den Individuen innewohnende Gattungsmensch, dessen Konkretheit in den Wirklichkeitsarten der Natur und des Staates zur Darstellung kommt. Als solche ist eben die Natur die sachliche, der Staat dagegen die sittliche Gattungsbestimmtheit der Individuen. Es ist das eigene, von aller individuellen Begrenztheit freie Wesen, das sich dem Menschen in diesen objektiven Erfahrungseinheiten verlebendigt.

Aber weder in dem Reich der Natur, noch im Reich der Geschichte vollendet sich die Objektivierung des wesentlichen Menschen. Über diesen beiden erhebt sich, sie als seine lebendigen Faktoren umfassend, das Reich des Geistes, und erst in ihm vergegenwärtigt sich die Verwirklichung unseres ganzen Wesens. Von Kant war endgültig der Charakter der Natur als der Objektivierung unserer sachlichen Wesensbestimmtheit festgestellt worden. Seine drei großen Nachfolger erwiesen sodann die Geschichte als die zweite Objektivierungsart, nämlich als diejenige unserer persönlichen Wesensbestimmtheit d. h. der sittlichen Freiheit. Aber auch durch diese Denker ist die Ergründung des Objektivierungsprozesses noch nicht abschließend zur Erkenntnis gebracht worden. Was noch unerledigt blieb, war dies, daß nicht nur die sachliche und persönliche Wesensbestimmtheit des Menschen, sondern auch die geistige ihre selbständige Objektivierungsform hat.

Zwar daß es über den Reichen der Natur und Geschichte ein Reich des universellen Geistes gebe, diese Wahrheit ist seit Plato und Aristoteles nie nachdrücklicher betont worden, als durch Fichte, Schelling und Hegel. Aber es ist doch charakteristisch, daß für Hegel der Objektivierungsprozeß mit der weltgeschichtlichen Verwirklichung der Idee des Staates schließt, und daß der Geist als Geist oder, wie er sagt, der absolute Geist nur in den ideellen Formen der Kunst, der Religion und der Philosophie zum Wissen von sich selbst gelangt. Es wird wohl geltend gemacht, daß sich in der Erhebung des Menschen zur absoluten Geistigkeit die Vereinigung des subjektiven und objektiven Geistes vollzieht, aber damit ist doch nur entwickelt, daß der Geist die ideelle Totalität der natürlichen und geschichtlichen Wesensbestimmtheit des Menschen ist. Nicht jedoch ist die Erkenntnis gewonnen, daß sich der Geist als solcher über dem Reich der Natur und der Geschichte nunmehr ebenfalls zu einem konkreten Reich gestaltet. Ebenso wie der Kantischen Philosophie noch die Einsicht verschlossen blieb, daß die Geschichte nicht bloß ein mittelbares Produkt der Vernunftwirkung, sondern die freie Gestaltung einer unmittelbaren Wesensbestimmtheit des Menschen ist; ebenso brachte auch Hegel noch nicht zur Erkenntnis, daß das Reich des Geistes das positive Erzeugnis eines unmittelbar schöpferischen Lebensfaktors und keineswegs nur ein solches der negativ vermittelnden Vernunft ist. Eben dies mußte nun die Aufgabe einer neuen, zweiten Epoche der deutschen Philosophie werden, den Geist als Geist in seiner konkreten Verwirklichung, d. h. in seiner von der psychischen Begrenzung des menschlichen Individuums unabhängigen Objektivierung zu erkennen.

Nach Hegel und der vorangehenden Philosophie ist die Vergeistigung der Natur und Geschichte, wie sie in der Sphäre der Kunst, der Religion und der Philosophie zum Ausdruck kommt, nur das ideelle Abschlußgebilde der menschlichen Kultur. Noch nicht dagegen ist sichtbar gemacht, daß der Geist eine positive Grundbestimmtheit des wesentlichen Menschen oder m. a. W. eine unmittelbare Erfahrungsgröße ist, welche die ideellen Faktoren der künstlerischen, religiösen und philosophischen Kultur auch ihrerseits in einer eigenen Objektivierungsform entwickelt. Gibt es außer der Natur und dem Staate noch eine dritte Art der Objektivität, und welches ist sie? Das ist das Problem, um das es sich nunmehr handelt.

Gemäß der Auffassung unseres klassischen Idealismus ist der Geist die ihrer selbst bewußte Vernunft, wie sie in der denkenden Aufhebung aller endlichen Gegensätze ihre Vollendung erreicht. So aber ist doch nur das Geistige, nicht der Geist erkennbar gemacht worden. Denn auf dem Wege des reinen Denkprozesses kann der Geist immer nur negativ, nämlich als die Aufhebung der bloß substanziellen Bestimmtheit des wahren Seins und daher als ideelle Geistigkeit begriffen werden, nicht aber positiv als das Subjekt der Totalität alles Wirklichen. Die Positivität des Geistes als des wirklichen Subjektes aller wirklichen Prädikate kann auch nur positiv erkennbar gemacht werden, d. h. als unmittelbare Grundlage eines Erfahrungsprozesses. Eine solche gibt es aber, und es handelt sich nur darum, sie als solche geltend zu machen.

Es dürfte dabei nicht überflüssig sein, noch einmal darauf hinzuweisen, daß es zu diesem Zwecke nicht genügt, das Bewußtsein von dem Geist als dem Subjekt aller vernünftigen Wirklichkeit nur auf Grund individueller Erlebnisse oder psychischer Erfahrungsvorgänge zu behaupten. Ein solches Verfahren würde über die Mitteilung eines bloßen Meinens, Vorstellens oder Glaubens nicht hinausreichen und würde die Bedeutung wissenschaftlicher Erkenntnis nicht für sich in Anspruch nehmen können. Wie überall in der Philosophie, so genügt auch hier die psychologische Aufzeigung individueller Erfahrungserlebnisse nicht. Denn, wenn es auf eine solche psychologische Ermittelung ankäme, so würde sich herausstellen, daß ein Teil der Menschheit auf Grund seiner Erlebnisse allerdings ein Wissen vom Geist als dem Subjekt aller Wahrheit und Wirklichkeit hat; ebenso aber würde ein anderer Teil infolge des Mangels solcher Erlebnisse diese Wirklichkeit bestreiten, und es wäre auf diese Weise überhaupt nicht auszumachen, wie es damit bestellt ist. Was wahr ist, muß sich unabhängig von allem individuellen Erlebnis als wahr erweisen. Eben deswegen kann die psychologische Erfahrung nicht die Grundlage wissenschaftlicher Erkenntnis sein; das kann nur diejenige Erfahrung, die sich objektiv verwirklicht. Demnach muß es in dem vorliegenden Fall auf den Nachweis ankommen, daß es unabhängig von der sachlichen und persönlichen Erfahrungsbestimmtheit des wesentlichen Menschen eine ursprünglich geistige Wirklichkeit gibt, die ein eigenes Reich von positiver Allgemeingültigkeit oder Objektivität stiftet.

Im voraus läßt sich nun sagen, daß die unmittelbare Geistesbestimmtheit des Menschen, wenn es sie wirklich gibt, sich jedenfalls von allen anderen wissenschaftlichen Erkenntnisarten grundsätzlich unterscheiden muß. Sie bringt nicht die Prädikate der Erfahrung, die physischen und sozialen in ein allgemeines Verhältnis, auf Grund deren sie dann in einer objektiven Einheit verknüpft werden, — sondern in ihr vergegenwärtigt sich das lebendige Bewußtsein von dem Subjekt aller Erfahrung überhaupt als dem Erzeuger und Träger der vernünftigen Totalität und führt dadurch zur Unterscheidung dieses universellen Subjektes von allen endlichen, individuellen Subjekten. Denn nichts anderes als das Selbstbewußtsein des sich in der Totalität der Welt und des Lebens verwirklichenden Subjektes ist der konkrete Geist, und dementsprechend muß auch diese unmittelbare Geistesbestimmtheit des Menschen der Sinn für die Entwicklung des objektiven Bewußtseins von dem Subjekt aller Subjekte sein. Dieser Totalitätssinn kann sich in dem Menschen als dem endlichen Subjekt auf verschiedene Weise verlebendigen, so in Beziehung auf die Anschauung, auf das Glaubensgefühl und den Willen; die reine Form aber, in welcher sich der Geist als solcher vermittelst dieser unmittelbaren Vergegenwärtigung dem Menschen erkennbar macht, ist das universelle Denken. Die Erfassung des Subjektes aller Wirklichkeit in dem Element des Gedankens ist aber diejenige Erkenntnis, die wir Philosophie nennen, und daher wird auch der Totalitätssinn in dieser seiner reinen Wesensform als der **philosophische Sinn** in Anspruch zu nehmen sein. Wenn demnach mit dem Wesen des Menschen eine unmittelbare Geistesbestimmtheit oder m. a. W. ein Totalitätsbewußtsein wirklich gegeben ist, so wird dieser Totalitätssinn insofern der philosophische Sinn sein, als er sich in der denkenden Beziehung auf sich selbst begreift.

Das Kriterium aber dafür, daß ein geistiger Faktor von der angegebenen Bedeutung tatsächlich zum Wesen des Menschen gehört, wird darauf beruhen, daß er ein Quell von ursprünglichen Bestimmungen ist, die sich in einer selbständigen Art von objektiver Einheit verknüpfen. Ergeben muß sich dann daraus auch das Verhältnis dieser zu den anderen Objektivierungsarten der ursprünglichen Erfahrung.

Der philosophische Sinn.

Unter „Sinn" in weiterer Bedeutung haben wir jede Bewußtseinstätigkeit zu verstehen, durch die einem Lebewesen Entwicklungsvorgänge des Wirklichen unmittelbar vergegenwärtigt werden. Über diese Sinnestätigkeit geht nun die „Erfahrung" insofern hinaus, als in ihr bereits eine bestimmte Verknüpfungsart der Sinneswahrnehmung miterfaßt wird. Es ist daher mit Recht gesagt worden, zur Erfahrung gehöre überhaupt, daß wir etwas selbst wahrgenommen haben; es müsse aber auch ein Unterschied gemacht werden zwischen Wahrnehmung und Erfahrung. „Die Wahrnehmung enthält zunächst nur einen einzigen Gegenstand, der jetzt zufällig so, ein anderesmal anders beschaffen sein kann. Wenn ich nun die Wahrnehmung wiederhole und in der wiederholten Wahrnehmung dasjenige bemerke und festhalte, was in allen diesen Wahrnehmungen sich gleich bleibt, so ist dies eine Erfahrung. Die Erfahrung enthält vornehmlich Gesetze, d. h. eine Verknüpfung von zwei Erscheinungen so, daß, wenn die eine vorhanden ist, allemal auch die andere erfolgt. Die Erfahrung enthält aber nur die Allgemeinheit einer solchen Erscheinung, nicht aber die Notwendigkeit des Zusammenhanges. Die Erfahrung lehrt nur, daß etwas so und wie es geschieht oder vorhanden ist, aber noch nicht die Gründe oder das Warum."

Die Sinne bringen also die Entwicklungsbestimmungen des Wirklichen zum Bewußtsein, und diese Wahrnehmungen bilden daher den Inhalt der Erfahrung. Diese selbst aber verlebendigt überdies die objektive Verknüpfung der Sinnesinhalte in der Form des Wirklichen überhaupt. Und dadurch werden nun die Erfahrungszusammenhänge von der individuellen Begrenzung der psychischen Subjektivität befreit und setzen sich dieser als allgemeingültige Objektivität entgegen.

Die Erkenntnis der reinen Wahrheit hängt nun von der Einsicht ab, daß das Wirkliche in den sinnlichen Wahrnehmungsprozessen nicht bloß diejenigen seiner Bestimmungen unmittelbar verlebendigt, durch die es sich einerseits zu einem dinglichen, andererseits zu einem persönlichen oder sozialen Daseinszusammenhang entwickelt; sondern, daß es drittens das Bewußtsein von sich als der das Ganze als Ganzes hervorbringenden Urenergie ebenso unmittelbar erzeugt. Was dieser Sinn vergegenwärtigt, ist also nicht das Bewußtsein von der Besonderung des Wirklichen, sondern von der Ganzheit des Wirklichen. Es kommt darin zum Ausdruck, daß der Totalitätsprozeß des Wirklichen im menschlichen Bewußtsein zum Wissen von sich selbst kommt. Aber als bloß sinnliches Wissen bliebe dieser Prozeß völlig dunkel, unbestimmt und ein Quell phantastischen Aberglaubens, wenn das sich darin offenbarende Urwirken nicht auch als solches in der Hervorbringung eines objektiven Lebenszusammenhanges allgemeingültig zum Ausdruck käme. Wäre dies nicht der Fall; dann könnte man vielleicht von einer eigentümlichen Art von Sinnestäuschungen, aber nicht von einem eigentümlichen Sinn reden. Da es aber einen solchen objektiven Erfahrungszusammenhang, in dem sich das Totalitätsbewußtsein selbständig verwirklicht, tatsächlich gibt, so ist es eine notwendige Forderung kritischer Erkenntnis, neben dem physischen und sozialen Sinn die Ursprünglichkeit eines geistigen Sinnes als fundamentalen Faktor geltend zu machen.

Um den klaren Blick hierfür zu gewinnen, ist es allerdings erforderlich, sich der heut üblichen Betrachtungsweise geradezu entgegenzusetzen. Hat man sich in unserem Zeitalter immer mehr gewöhnt, ganz einseitig die Erforschung des Besonderen der Welt und des Lebens zu betreiben, so ist die Erkenntnis der Ganzheit des Wirklichen darüber fast verkümmert und muß erst langsam wieder erneuert werden. Man muß sich dabei zurückziehen von der Vielgestaltigkeit des Wirklichen auf die Einheit des Wirkens und muß über der zentrifugalen Erkenntnisrichtung nicht die zentripetale verlieren. Auch ist es erforderlich, daran zu erinnern, daß die Totalitätserkenntnis nicht nur früher als die Spezialitätserkenntnis zur Entfaltung gekommen ist, sondern daß sich diese erst allmählich aus jener entwickelt hat. Wie das Ganze früher ist als seine Teile, so wird auch das Teilwissen erst aus dem Totalitätswissen geboren. Dem entspricht auf dem Gebiete der methodischen Erkenntnisgestaltung die geschichtliche Tatsache, daß sich die Natur- und Sozialwissenschaften erst allmählich aus der Philosophie entwickelt haben.

Das wissenschaftliche Philosophieren hätte gar nicht entstehen können, wenn nicht die unmittelbare Objektivierung des Totalitätsbewußtseins eine wesenhafte Lebenstätigkeit des Menschen überhaupt wäre. Ja, man kann sagen, daß die Entwicklung der Menschheit nur soweit zurückverfolgt werden kann, als sich die Spuren von der objektiven Verwirklichung dieser eigentümlich menschlichen Wesensbestimmtheit aufweisen lassen. Denn nur in dem Bereiche des menschlichen Lebenszusammenhanges gibt es eine objektive Vergegenwärtigung der Erfahrungswirklichkeit und diese Objektivierungen haben allesamt ihre Wurzel in dem unmittelbaren Einswerden mit dem Wirken der Ganzheit. Ist also der Mensch, wie gesagt worden ist, der erste Freigelassene der Natur, so ist er es unmittelbar durch die Verwirklichung des Totalitätssinnes in ihm. Denn dieser ist es, in dem sich die psychophysische

Einheit seines endlichen Daseins mit der Einheit der Ganzheit der Wirklichen in Eins setzt.

Unmittelbar wie der Totalitätssinn selbst, muß also auch die Objektivierung seiner Inhaltsbestimmungen ein unmittelbares Produkt des Erfahrungsprozesses sein. Und dazu gehört alles, was den Menschen erst wahrhaft zum Menschen macht. Der Totalitätssinn ist derjenige Sinn, dem die Menschheit instinktmäßig in den Hervorbringung der Sprache und der Mythen folgt, wie nicht minder in denjenigen der Kultus- und Volksgemeinschaft, der Rechts- und Staatsbildung. Denn was ist die Sprache anderes als die Ausprägung eines allgemeinen Zeichen- und Begriffssystems an dem Material der natürlichen Laute, und was ist der mythische Urglaube anderes als der lebendige Ausdruck des Ganzheitsgefühls in der Darstellungsform der natürlichen Lebenserscheinungen. Und in dieser mythischen Objektivierung des Totalitätssinnes äußert sich der Glaube, die Phantasie, das Denken noch als eine ungeschiedene und unentwickelte Lebensmacht, die als solche der gemeinsame Mutterboden alles dessen ist, was erst allmählich in den entwickelten Formen der geschichtlichen Religionen, der Künste und zuletzt der Philosophie seinen ganzen Reichtum offenbart. Aber auch die Entstehung der sozialen Mächte ist letzthin nur auf die Verwirklichung der persönlichen Bestimmtheit des Totalitätssinnes zurückzuführen. Sie ist es, die aus einer zufälligen Masse von Menschen eine Volksgemeinschaft hervorgehen läßt, indem sie die Einzelnen dadurch zu einem Ganzen vereinigt, daß sich ihre gemeinsame Willensbestimmtheit, vermöge deren jeder Mensch eine selbständige „Person" ist, durch die Ausprägung der Sitte und der Moral, des Rechtes und des Staates zu einer objektiven Einheit verbindet. Es ist der persönliche oder soziale Totalitätstrieb des allgemeinen Willens, der auf diese Weise aus einer Vielheit von Individuen ein Ganzes von sozialer Verfassung hervorbringt. Man muß also die Tatsache festhalten, daß der geistige Sinn des Menschen auch schon in dem physischen und sozialen Objektivierungsprozeß des Erfahrungsbewußtseins der letzthin bestimmende Grundfaktor ist. So aber objektiviert er noch nicht sein eigenes Wesen, sondern nur das Allgemeine des natürlichen und persönlichen Daseins. Seine eigene Wesensbestimmtheit verwirklicht er dagegen erst in der künstlerischen, religiösen und philosophischen Gestaltung des geistigen Lebenszusammenhanges. Dadurch hebt sich erst deutlich von dem physischen und sozialen der geistige Objektivierungsprozeß ab, der auf jene beiden anderen bereits mitbestimmend wirkt, sich aber zugleich unabhängig davon seine eigene Daseinsform gibt.

Aber dieses zugleich grundlegende und zielsetzende Geisteswirken bedarf noch einer eingehenderen Erörterung. Es ist schon darauf hingewiesen worden, daß der geistige Sinn oder Totalitätssinn diejenige Lebensmacht ist, vermöge deren der Mensch erst wahrhaft Mensch wird. Erst durch diesen Sinn erfaßt er sich unmittelbar als Einheit mit der das Ganze des Wirklichen verwirklichenden Urenergie. Denn nichts anderes ist unter „Geist" zu verstehen als das allschöpferische Urwirken, das durch die Aufhebung des von ihm gesetzten Nicht-selbst-Wirkenden (Materie) zum Wissen von sich selbst gelangt. Ist doch der Mensch seinem psychophysischen Dasein nach, mit seinem endlichen Bewußtsein auch nur wie das Tier ein Entwicklungsprodukt in der Stufenreihe derjenigen Geschöpfe, welche durch die fortschreitende Aufhebung der energielosen Materie entstehen. Auf diese hin angesehen ist daher die Natur nicht ein positiver, sondern ein negierender Entwicklungsprozeß, nämlich die immer weitergehende Negierung ihrer Materialität bis zu dem Punkte, wo diese ganz aufgehoben ist. Dieser Endzustand der Naturentfaltung, in welchem die Energielosigkeit der Materie nicht nur in schwächerem oder stärkerem Grade, sondern völlig negiert wird, ist das Bewußtsein. Als aufgehobene Materialität ist daher das Bewußtsein zwar reine, von aller Energielosigkeit befreite Energie, aber eben nur die ihr Gegenteil negierende und sich allein darin bewußtwerdende Energie. Diese bloße Bewußtseinsenergie ist daher noch ganz auf das gerichtet, was sie negiert, nicht aber auf das, wodurch sie es negiert. Damit ist aber die Natur an der Grenze ihrer Entwicklung angelangt, da das, wodurch sie Natur ist, vollständig aufgehoben ist.

Durch den Totalitätssinn ist aber der Mensch nicht bloß ein Bewußtsein habendes, sondern zugleich ein geistiges Wesen. In ihm kommt das die Ganzheit des Wirklichen erzeugende Urwirken direkt und nicht wie in der Naturentwicklung nur indirekt, durch die Negierung seines Gegenteils, zur Verlebendigung. Mit ihm muß demnach eine ganz neue, dem bedingten Naturwirken entgegengesetzte Entwicklung beginnen. Es gestaltet sich so über dem Reich der Natur das Reich des Geistes, in welchem die Totalenergie nach Aufhebung der materiellen Naturbedingtheit erst ihre unbedingte Verwirklichung vollzieht. Alle Naturenergien sind, mit der Negierung ihres Gegenteils ringend, dadurch noch in irgend welchem Grade abhängige Energien. Frei wird die Total- oder Urenergie erst, wenn sie die energielose Materialität des von ihr selbst notwendig erwirkten Gegenteils vollkommen in Energie umgesetzt hat. Denn von da ab, wo alles Energielose in Energie verwandelt ist, steht dem reinen Wirken schlechterdings nichts Fremdes mehr entgegen, von dem es abhängig wäre, und, da es durch die aufgehobene Materialität zugleich zum Wissen von sich selbst kommt, ist es als solches Geist. Damit setzt aber, entgegen dem Naturprozeß, eine geistige Entwicklung ein, durch die sich die Urenergie direkt im menschlichen Bewußtsein vergegenwärtigt und dadurch eine mannigfaltig gegliederte Lebenseinheit hervorbringt. Diese geistige Gliederung des Wirklichen vollzieht sich also nur in der Menschheit, und daher ist der einzelne Mensch seinem wahren Begriff nach kein bloß mit Bewußtsein ausgestattetes Naturwesen, sondern ein von der geistigen Urenergie direkt bestimmtes Geisteswesen. Dementsprechend besteht dieser neue Entwicklungsprozeß letzthin darin, den Menschen als bloßes Naturwesen aufzuheben und ihn zum geistigen Menschen zu machen. Das heißt aber die naturbedingte Menschheit in ihm soweit negieren, daß er selbst fähig wird, sich im Gegensatz zu seiner Abhängigkeit von der Natur vielmehr aus der Totalität des Geistes zu bestimmen. Auf diese Weise entwickelt er sich nicht nur zu einem Gliede, sondern zugleich zu einem individuellen Repräsentanten der Ganzheit des Wirklichen. Nur als solcher aber wird er teilhaftig des Lebens der ewigen Schönheit, Seligkeit und Wahrheit.

Es ist nun schon darauf hingewiesen worden, daß die primitive Art, in der sich das Totalitätsbewußtsein seine eigene objektive Sphäre schafft, in den rohen Kulten der Naturvölker zum Ausdruck kommt. Nachdem sich die Religiosgeschichte zu einem selbständigen Zweige der historischen Forschung ausgebildet hat, ist das Tatsachenmaterial auch auf diesem Gebiet in gründlicher Weise bereichert worden, und es ist zu hoffen, daß diese Untersuchungen auch fürderhin ihren rüstigen Fortgang nehmen werden. Seitdem ist die Religionsgeschichte endgültig von der Religionsphilosophie abgesondert worden. Die Philosophie hat es allein mit der Ermittlung des Begriffs der wahren Religion zu tun. Indem sie aber dabei auf diejenige Bewußtseinstätigkeit zurückgeht, welche die spezifische Erfahrungsgrundlage aller religiösen Lebensgestaltung ausmacht, zeigt sich ihr, daß schon der einfachste Kultus eine unmittelbare Objektivierungsform des Totalitätssinnes ist. Die Religionsgeschichte weist uns nach, daß unter verschiedenen Bedingungen auch sehr verschiedene Formen dieser Kultbildungen hervorgetreten sind. Immer aber sind sie der objektive Ausdruck des im Menschen zum Durchbruch kommenden Totalitätssinnes; und wie kindlich sich dieser Vorgang auch in den barbarischen Formen des Zauber- und Fetischdienstes darstellen mag, er ist doch der Beweis dafür, daß sich zugleich mit der psychophysischen Bewußtseinsart unmittelbar in uns jene auf die Einheit des Ganzen gerichtete geistige Bewußtseinsart ursprünglich und allgemein verwirklicht. Da diese Urkulte einerseits kein Produkt bewußter Reflexion sind, sondern unwillkürlich hervorgebracht werden, und da sich andererseits in ihnen, wie kümmerlich auch immer, ein Totalitätsgefühl verlebendigt, so gibt sich eben darin zu erkennen, daß die geistige Totalitätstätigkeit kein sekundäres Erzeugnis unseres natürlichen Bewußtseins ist. Sie ist ein selbständiger, zum Wesen des Menschen gehöriger Bewußtseinsfaktor.

Mit aller Kraft muß daher der Blick darauf hingelenkt werden, daß sich mit den Kulten der Urvölker von Anfang an neben den Objektivierungsarten der unpersönlichen Naturerscheinungen und der persönlichen Sozialgebilde eine dritte geistige Objektivierungsart vergegenwärtigt, die aus keiner der beiden anderen abgeleitet werden kann. Kommt in der räumlichen Objektivierungsart allgültig zum Bewußtsein, was zur physischen Wesensbestimmtheit des Menschen gehört und in der geschichtlichen, was seine persönliche oder soziale Wesensbestimmtheit ausmacht, so prägt jene dritte Objektivierungsart aus, was den Menschen aus seiner psychophysischen Partikularität zur geistigen Totalität erhebt. Von der physischen Objektivierung ist die soziale und geistige grundsätzlich dadurch verschieden, daß diese nicht wie jene die bloßen Bestimmungen des Wirklichen, sondern das sie hervorbringende Wirken selbst allgültig vergegenwärtigen. Von der sozialen unterscheidet sich aber die geistige Objektivierung weiterhin dadurch, daß jene nur die individuelle Mannigfaltigkeit des persönlichen Wirkens als solche durch die

Schöpfungen der Sitte und der Moral des Rechtes und Staates in ein einheitliches Verhältnis bringt. Dagegen hebt diese die Mannigfaltigkeit und individuelle Zersplitterung der menschlichen Persönlichkeit durch die lebendige Vereinigung aller mit dem einen allschöpferischen Urwirken prinzipiell auf, indem sie auf diese Weise jeden zum Repräsentanten des Ganzen macht. Auf nichts anderes aber geht der Grundtrieb aller Kultbildung. Denn jede Kultgemeinschaft verwirklicht sich durch Anrufungen und Opfer. In den Anrufungen äußert sich irgendwie stets das Bewußtsein von einem alles Dasein lebendig bestimmenden Urwirken nebst dem Verlangen, mit ihm eins zu werden. In dem Opfer aber vollzieht sich sodann dieser Prozeß, in welchem der Einzelne seine besondere Einzelheit in jener Ureinheit aufhebt (zum Opfer bringt) und dadurch zugleich mit jedem Gliede einer solchen Kultgemeinschaft eins wird. Das aber ist die Urform, in welcher sich der Totalitätssinn unmittelbar und direkt objektiviert und dadurch über dem Reich der Natur und der Geschichte das Reich des Geistes zu verwirklichen beginnt.

Der ureigene Charakter dieses geistigen Reiches besteht also darin, daß sich in ihm über der physischen und sozialen Bestimmtheit des menschlichen Lebenszusammenhanges die ihm zu Grunde liegende Einheit des Ganzen als solche konkret vergegenwärtigt. Wenn aber die unwillkürliche Erzeugung von Kultgemeinschaften die Urform der geistigen Objektivierungsart ist, so fragt sich, was das mit der Philosophie zu tun hat. Darauf ist schon mit der Erklärung hingewiesen worden, daß in diesen Urkulten noch alles das unentwickelt vereinigt ist, was erst im Fortgang der reiferen Geistesentfaltung in den besonderen Bildungen der Religion, Kunst und Philosophie daraus hervortritt. Gemeinsam ist diesen Geistesmächten eben, daß sie alle drei in dem Totalitätssinn ihre einheitliche Wurzel haben und sich erst allmählich differenzieren. Der Übergang hierzu wird auf der Stufe der Mythenbildung gemacht, auf der sich die spezifisch religiösen Mythen von den künstlerischen und philosophischen Göttererzählungen zu scheiden anfangen, bis sich dann jede dieser Geistestätigkeiten endlich nach dem Maß ihrer eigenen Grundbestimmtheit entwickelt.

Nicht diesen geschichtlichen Prozeß hat die Philosophie zu untersuchen, wohl aber muß sie darüber Bescheid erteilen, worauf es beruht, daß die Totalitätstätigkeit des geistigen Bewußtseins sich bei ihrer Objektivierung in jene Dreiheit der künstlerischen, religiösen und philosophischen Entwicklung verzweigt. Das erklärt sich daraus, daß die allschöpferische Urenergie, die dem Menschen durch den Totalitätssinn zum Bewußtsein kommt, sich nicht bloß rein als Wirkendes, sondern zugleich inbezug auf die von ihr hervorgebrachte Wirklichkeit direkt erfahrbar macht. Wie aber festgestellt wurde, gibt es zunächst zwei solcher Objektivitäten oder Wirklichkeiten, nämlich das Reich der Natur und das Reich der Geschichte. Demgemäß muß es also auch drei Geistesformen geben, in denen sich die Totalitätstätigkeit direkt verlebendigt: erstens inbezug auf die physische Wirklichkeit, zweitens inbezug auf die soziale Wirklichkeit und drittens inbezug auf ihr rein schöpferisches Wirken als solches. Diejenige Form nun, in welcher sich dem Bewußtsein die Geistigkeit der Natur von dem Totalitätssinn aus erschließt, vergegenwärtigt sich in der Kunst; diejenige sodann, in welcher sich die Geistigkeit der Geschichte offenbart, verlebendigt sich in der Religion, und die Philosophie endlich ist die Form, in welcher das Urwirken nicht bloß an einer bestimmten Art seiner Wirkungen zur Vorstellung gelangt, sondern in welcher das Wirken des Wirklichen sich selbst begreift. Während sich also die Urenergie in den Schöpfungen der Kunst und Religion noch an einem abgeleiteten Dasein vergegenwärtigt, vollzieht sich in der Philosophie die Selbsterkenntnis ihrer reinen Totalitätstätigkeit als solcher.

Die Dreiheit der direkten Objektivierungsform des Urwirkens hat demnach ihren Grund darin, daß der schöpferische Geist sich erst in jenem dreiheitlichen Prozeß als Ganzes verwirklicht. Denn, wie angegeben, wirkt er in der Natur nur negativ, nämlich als fortschreitende Aufhebung der materiellen Energielosigkeit; dagegen in der Geschichte zwar schon positiv, aber noch bedingt positiv, nämlich als soziale Aufhebung der Trennung der individuellen Geister. Und erst durch den Totalitätssinn wird er sich über diesen Negierungsprozeß seines allgestaltenden Wirkens rein positiv bewußt und ist so erst wahrhaft Geist. Als solcher aber begreift er nicht nur diese seine reine Totalitätstätigkeit als solche, sondern mit ihr zugleich auch jene seine indirekte Verwirklichung in der Natur, wie die bedingt positive Verwirklichung in der Geschichte von dieser unbedingt positiven Grundbestimmtheit aus, so daß sich erst in dieser dreiheitlichen Form der Verwirklichung das konkrete Selbstbewußtsein des Geistes vollendet.

Wie innig daher auch das Verhältnis der Kunst zur Natur ist, so sind sie doch andererseits dadurch wesentlich verschieden, daß eben inbezug auf die Evolution der Natur der Geist nur als negierende Macht erscheint, während in der Kunst sich umgekehrt die Natur ihrerseits als die Erscheinung seines positiven Wirkens offenbart. Das ist aber auch der Grund, weshalb Kunst nie bloße Nachahmung der Natur sein kann. Denn in der Naturentwicklung als solcher stellen sich nur die Wirkungen des Geistes dar, in der Kunst dagegen der wirkende Geist des Naturganzen selbst. Entsprechend verhält es sich aber auch mit der Beziehung des Reiches der Geschichte zu dem der Religion. Da die Geschichte das Reich der individuellen Geister ist, so findet hier zwar an sich schon eine direkte Verwirklichung des Geistes statt, aber diese ist noch bedingt durch die Trennung der individuell psychischen Beschränkung. Daraufhin angesehen, ist die Geschichte die Verwirklichung der sittlichen Weltordnung, die sich durch den sozialen Ausgleich der individuellen Trennung fortgesetzt verlebendigt. Infolgedessen zeigen sich in der geschichtlichen Entwicklung als solcher auch nur die sozialen Wirkungen des universellen Geistes. In der religiösen Lebensgestaltung jedoch verwirklicht sich der geschichtliche Weltgeist direkt, indem er das positive Wirken seines universellen Wirkens, wie es sich in der Vollendung der sittlichen Weltordnung darstellt, zum Grundfaktor der individuellen Willensbestimmung macht. Sowohl die Kunst wie die Religion bringen also das positive Wirken des universellen Geistes zum Bewußtsein, aber sie erfassen es nicht in seiner reinen Tätigkeit, sondern bereits im Verhältnis zu einer bestimmten Art der von ihm hervorgebrachten Wirklichkeit; so die Kunst im Verhältnis zur Natur und die Religion im Verhältnis zum geschichtlichen Ethos. Wie sich aber das Urwirken im Menschen durch den Totalitätssinn als reines Wirken begreift, unabhängig von jeder anderen Beziehung, das ist die Grundtätigkeit, die in der Philosophie ihren wissenschaftlichen Ausdruck findet.

Aber Kunst, Religion und Philosophie sind nur die Faktoren der Objektivierung des Totalitätsbewußtseins; sie sind nur Mittel zur Erzeugung der geistigen Objektivität. Sie wären als solche nur eine dreifache Zersplitterung der Totalitätstätigkeit des Geistes, wenn sie nicht über sich hinaus zur Hervorbringung einer objektiven Einheit des Geistes zusammenwirkten und darin ihre Dreiheit wieder aufhöben. Welches aber ist diese Objektivität? Um es kurz zu sagen: es ist der geistige Mensch; es ist der zum Repräsentanten der Totalität sich erhebende Mensch; es ist der Mensch, der seine psychisch beschränkte Individualität in der Entwicklung seines Totalitätsbewußtseins hat untergehen lassen, um sie daraus als geistige Individualität wieder zu empfangen. Die Kunst sagt: es ist der Mensch, dessen Leben sich zur individuellen Verwirklichung des Geistes der Schönheit gestaltet. Die Religion sagt: es ist der wiedergeborene Mensch. Und die Philosophie sagt: es ist der Mensch, der aus dem Denken des Ganzen sich selbst als Ganzes bestimmt. Nicht die Natur, nicht die Geschichte, sondern der geistige Mensch ist der wahre Repräsentant der Wirklichkeit. Die Natur ist nur die Objektivierung der physischen und die Geschichte nur diejenige der sozialen Prädikatsbestimmung des geistigen Menschen; dieser selbst aber ist das sich in dem energetischen Subjekt des Ganzen aufhebende und mit ihm eins werdende Einzelwesen.

Dieser geistige, wesenhafte Mensch ist demnach für alle ein und derselbe, denn, indem der Einzelne mit dem Subjekt des Ganzen eins wird, wird er es auch mit allen denjenigen, in denen sich derselbe Vergeistigungsprozeß vollzieht. Da aber Allgültigkeit der gemeinsame Charakter aller Arten von Objektivität ist, so ist der geistige Mensch das konkrete Subjekt des objektiven Ganzen, das in der physischen und sozialen Objektivität nur die Prädikatsbestimmung seiner schöpferischen Urenergie hat. Damit aber vollendet sich erst der Begriff der Objektivität. Denn dieser ist solange ungeschlossen, als er nur nach der Entwicklung seiner Prädikate, nicht aber auch nach dem sich in ihnen entwickelnden Subjekt bestimmt ist. In der Natur und der Geschichte stellt sich uns nur die Objektivierung der Prädikate des Ganzen dar; das in ihnen wirkende Subjekt aber vergegenwärtigt sich uns erst in der Vergeistigung des Menschen. Und so begreifen wir erst in diesem Prozeß das Subjekt des objektiven Ganzen und damit seine schöpferische Einheit.

Daher ist die Objektivität, die sich in dem geistigen Menschen zusammenschließt, auch keine feste, fertige, gegebene

Der Geist ein lebendiger Prozeß.

Größe, sondern sie ist ebenso wie die Natur und die Geschichte ein sich beständig erzeugender Prozeß. Jedoch nur die besonderen Faktoren dieses Prozesses sind die Kunst, die Religion und die Philosophie, und ihr Wirken vereinigt sich in er Vergeistigung des Menschen als der Objektivierung seines wahren Wesens. Aus dem trüben Gewirr des Lebens heraus diesen, wie Schiller sagt, „idealischen" Menschen objektiv zu veranschaulichen, das ist der schöpferische Drang aller großen Kunstepochen, so daß sich darin die Gesamtwirkung aller einzelnen Kunstleistungen zusammenfaßt. Mit vollendeter Klarheit aber ist die Objektivierung des geistigen Menschen im Christentum zum Ausdruck gekommen, indem diese Religion an einer geschichtlichen Gestalt den reinen Typus der gottmenschlichen Persönlichkeit zur ewig lebendigen Glaubensmacht erhoben hat. In diesem Typus ist das Wesen des wahren Menschen religiös objektiviert, und dieser Prozeß wird durch die gläubige Aneignung beständig wieder erneuert. Diesem selben Prozeß dient auch die Philosophie. Aber in ihr verlebendigt sich der geistige Mensch nicht mehr bloß im Gegensatz zur individuellen Subjektivität, sondern in seiner reinen Selbsttätigkeit. Damit aber vollendet sich erst der Begriff dieses Typus; denn die reine Selbsttätigkeit, die sich im menschlichen Totalitätsbewußtsein selbst begreift, ist der Prozeß, in welchem das Subjekt des Ganzen den Inbegriff seiner Totalitätsprädikate frei von sich aus bestimmt und nicht wie in der Kunst und der Religion inbezug auf die Prädikate des natürlichen Daseins. Der geistige Mensch ist also die künstlerische, religiöse und philosophische Objektivierung der sich im Subjekt des Ganzen begreifenden Bewußtseinstätigkeit.

Damit aber ist nun endlich festgestellt, daß sich mit dem physischen und sozialen zugleich unmittelbar und ursprünglich ein geistiger Objektivierungsprozeß vollzieht, in welchem sich das Bewußtsein von dem Totalitätsubjekt direkt verwirklicht. Es ist also der eigentümliche Charakter dieses Objektivierungsprozesses, daß sich in ihm nicht wie in dem Reich der Natur die physischen und wie im Reich der Geschichte die sozialen Prädikatsverhältnisse in einem allgemeingültigen Zusammenhang darstellen, sondern daß sich in ihm der Begriff des sich als Ganzes verwirklichenden Totalitätssubjektes einheitlich erfaßt. Die Objektivierung dieses sein wahres Wesen im Totalitätssubjekt ergreifenden Bewußtseins muß daher auch in einer Subjektsbildung zur Verwirklichung gelangen, und diese vollzieht sich in der Verlebendigung des geistigen Menschen. Ist das Reich der Natur und der Geschichte nur der objektive Zusammenhang der dinglichen und persönlichen Prädikatsverhältnisse, so ist das Reich des Geistes die objektive Vereinigung der individuellen Subjekte im Totalitätssubjekt und dadurch zugleich diejenige ihrer selbst miteinander.

Der Typus dieses Objektivierungsprozesses ist also der geistige Mensch oder der Totalitätsmensch. Daß diese dritte Form der Objektivierung aber kein abgeleiteter, sondern ein ursprünglicher Prozeß ist, hat seinen wahren Grund darin, daß in dem Begriff des Ganzen nicht bloß die Prädikatsverhältnisse, sondern nicht minder auch das sich in ihnen urteilende Subjekt allgültig zum Bewußtsein bringt. Eben deswegen ist aber auch der Totalitätssinn kein sich erst aus dem physischen und sozialen Bewußtsein bildender Sinn, sondern er liegt diesem vielmehr selbst ursprünglich zu Grunde. Denn, wenn er in der Entwicklung der endlichen Geschöpfe auch in seiner positiven Wirksamkeit erst später hervortritt, so ist er doch gleichwohl der frühere, weil sich in ihm das Ganze als Ganzes unmittelbar bewußt macht, und weil er als solcher, sowohl in der Entwicklung der physischen wie der sozialen Prozesse, die das Nichtgeistige aufhebende Triebkraft ist. Daß der Totalitätssinn aber als solcher von der Philosophie nicht ausdrücklich geltend gemacht worden ist, das hat für sie die außerordentlich nachteilige Folge gehabt, daß sie bis auf den heutigen Tag ihr eigenes und ursprüngliches Erkenntnisgebiet im Verhältnis zu den Natur- und Sozialwissenschaften nicht mit unzweideutiger Sicherheit zu bestimmen vermocht hat.

Es gibt also einen ursprünglichen und sich unmittelbar objektivierenden Totalitätssinn. Dieser äußert sich zugleich als künstlerischer, religiöser und philosophischer Sinn. Er ist künstlerisch, sofern er sich an dem Vergeistigungsprozeß der Natur lebendig veranschaulicht, und er ist religiös, sofern er sich in der Aufhebung des Gegensatzes der individuellen Geister als dem Glaubensopfer persönlich verlebendigt. Philosophisch aber ist er, sofern sich durch ihn das in der Hervorbringung des Ganzen verwirklichende Wirken als reines Wirken begreift. **Der philosophische Sinn ist demnach der das Wirken des Wirkens begreifende oder kurz der denkende Totalitätssinn.**

Was aber ist mit dem Nachweis erreicht? — Ein Ergebnis von entscheidender Bedeutung! Man wird in der philosophischen Literatur unserer Tage keiner Klage häufiger begegnen als der, daß es bisher trotz der eifrigsten Bemühungen nicht gelungen ist, der Philosophie ein ursprüngliches und selbständiges Erkenntnisgebiet mit Sicherheit zu bestimmen. Daraus ist in gewissen, mit ihrem Urteil leichtfertigen Köpfen die oberflächliche Meinung entstanden, daß es eine auf sich selbst gegründete wissenschaftliche Philosophie gar nicht gebe. Wissenschaft soll nach ihrer unkritischen Auffassung lediglich auf die Erkenntnis des Besonderen und seiner gesetzmäßigen Beziehungen eingeschränkt sein. Aber selbst diejenigen, die an der Überzeugung festhielten, daß es ein eigenartiges philosophisches Wissen gebe, blieben doch in der überwiegenden Mehrzahl dabei stehen, daß Philosophie immer nur eine sekundäre, aus anderen Erkenntnissen abgeleitete Wissenschaft sein könne. Nahmen die Einen an, daß die Naturwissenschaften vermittelst der sogenannten äußeren Erfahrung die feste Grundlage der philosophischen Forschung bilden sollte, so behaupteten Andere, daß vielmehr die aus der sogenannten inneren Erfahrung entspringenden Sozialwissenschaften dieses Fundament abgeben sollten. Wieder Andere erklärten, daß die Philosophie nur die systematische Zusammenfassung der Ergebnisse der Spezialwissenschaften sei, und am meisten endlich verschaffte sich die Vorstellung Raum, daß die physiologische Psychologie die Grundwissenschaft aller übrigen Wissenschaften und so auch der Philosophie wäre. Mit Ausschaltung aller metaphysischen Probleme wurde die philosophische Wissenschaft damit auf psychologische Erkenntnistheorie und Logik, wie auf psychologische Ethik und Ästhetik herabgedrückt. Alle diese Versuche legen aber nur den urkundlichen Beweis dafür ab, daß es trotz aller Versuche, den wissenschaftlichen Charakter der Philosophie festzuhalten, nicht gelungen ist, einen festen Grund für den selbständigen Ursprung ihrer Erkenntnisse ausfindig zu machen. Die moderne Wissenschaft hat der Philosophie gegenüber versagt, und die Folge davon war, daß das unauslöschliche Bedürfnis philosophischen Erkenntnisdranges bei solchen Erzeugnissen Befriedigung suchte, die den Mangel wissenschaftlicher Ergründung durch die phantasievolle Metaphysik ihrer subjektiven Weltanschauung für eine Weile zu verdecken vermochten.

Die alte, ontologische Metaphysik oder die abstrakte Vernunfterkenntnis des allgemeinen Seins war erschöpft und außer stande, auf die neu auftauchenden Fragestellungen der gegenwärtigen Geistesbewegung zureichende Antwort zu erteilen. Eine neue, entwickeltere Begründung für die autonome Erkenntnis der Philosophie aber wollte sich nicht finden lassen, weil die tief eingewurzelte Abneigung gegen den spekulativen Rationalismus das philosophische Sehvermögen überhaupt lähmte. Sollte dieser unfruchtbare

Widerspruch wieder überwunden werden, so durfte nun das Problem nicht mehr so gestellt werden, aus welchem abstrakt allgemeinen Vermögen die philosophische Erkenntnis entspringt, und auch nicht, ob sie sich auf die äußere Erfahrung des physischen oder die innere des psychischen Daseins gründet, sondern es mußte prinzipiell zunächst die einfache Tatsache festgestellt werden: gibt es eine eigene unmittelbare Erfahrungsgrundlage der philosophischen Erkenntnisvermittlung? Das aber kann nunmehr bejaht werden. Die Philosophie hat ihr unmittelbares Fundament in der überraschend simplen Tatsache, daß mit dem menschlichen Bewußtsein nicht bloß Sinne für die äußere Wahrnehmung der physischen Mannigfaltigkeit und ein unmittelbares Vermögen für die innere Wahrnehmung der persönlichen Erlebnisse gegeben sind, sondern daß sich unabhängig von diesen ein selbständiges Totalitätsbewußtsein kundgibt, das als solches der ursprüngliche Träger derjenigen Erkenntnisbewegung ist, die sich zur philosophischen Wissenschaft entfaltet. In der Aufdeckung dieses einfachen Tatbestandes ist die endgültige Feststellung enthalten: die Philosophie hat in der Ursprünglichkeit des menschlichen Totalitätsbewußtseins ein unmittelbares, eigenes Erkenntnisgebiet. Das ist die ergebnisreiche Bedeutung des Nachweises, der sich mit übertragender Ausdrucksweise in der Einsicht ausspricht: der Totalitätssinn ist der philosophische Sinn.

Auf welche Weise nun aus dem Totalitätsbewußtsein die Philosophie als die Totalitätswissenschaft methodisch zu entwickeln ist, das ist weiterhin zu charakterisieren. Aber schon hier läßt sich sagen, daß das gefundene Ergebnis ein strenges Unterscheidungsmittel für alle wahrhaft philosophische Erkenntnis von den bloß pseudophilosophischen Wissensarten an die Hand gibt. Alle echt philosophische Forschung muß irgendwie der Vermittlung des Wissens dienen, in welchem sich die Wirklichkeit des Ganzen als Ganzes begreift. Was nicht den Charakter der Totalität hat, kann zwar ein sehr wichtiges und bedeutungsvolles Wissen sein, philosophisch aber ist es nicht. Es gibt selbst gewisse Untersuchungsarten, die sich mit Problemen der Erkenntnistheorie und Logik, der Ethik und Ästhetik beschäftigen; indessen philosophisch sind sie deshalb nur als solche noch keineswegs. So steht es beispielsweise mit allen Ermittlungen der empirischen Psychologie, die sich auf jene Gegenstände beziehen. Auch sie sind erforderlich; dem streng philosophischen Erkenntnisgebiet gehören sie jedoch nicht an. Logik ist erst dann wahrhaft philosophische Logik, wenn sie die Wissenschaft des die Ganzheit denkenden Denkens ist. Die anderen Wissenschaften haben es mit den Eigenschaften und Beziehungen der Dinge, Persönlichkeiten, Staaten usw. zu tun, die Philosophie dagegen mit dem Wesen des Dinges, mit dem Wesen der Persönlichkeit und des Staates, und zwar auch nur, sofern es Repräsentant der Wirklichkeit des Ganzen ist. Die Philosophie fängt von da an, unphilosophisch zu werden, wo ihr Blick nicht auf die Ganzheit des Ganzen gerichtet bleibt, sondern auf die Sphären des endlichen Daseins abschweift.

Ist ferner, wie gezeigt worden, der Totalitätssinn eine zum Wesen des Menschen ursprünglich gehörige Bewußtseinsart, so wird er doch philosophischer Sinn erst dadurch, daß er die zeugende Kraft zur methodischen Entwicklung des aus ihm entspringenden Wissens hat. Als Totalitätssinn also ist er allen Menschen eigen, und als solcher verwirklicht er sich ja unmittelbar schon in der Schöpfung der primitiven Kulte. Die Stärke, um sich zu philosophischer Erkenntnisentwicklung zu erheben, erreicht er dagegen immer nur in einer geringen Anzahl von Menschen. Sie sind die Priester im Heiligtum der reinen Totalitätserkenntnis und haben darüber zu wachen, daß das Feuer der ewigen Wahrheit nimmer verlischt. Dazu berufen, den im Totalitätsbewußtsein ruhenden Inhalt zu offenbaren und erkennbar zu machen, ist es ihr heiliges Amt, zu verhüten, daß Menschenweisheit diesen Quell der göttlichen Weisheit nicht trübe noch verfälsche. Es soll daher niemand glauben und sich anmaßen ein Philosoph zu sein als nur derjenige, in dem der Geist der Totalität Fleisch geworden ist.

Soll noch einmal rückblickend zusammengefaßt werden, was sich auf dem bisherigen Gange der Untersuchung ergeben hat, so ist Folgendes zu sagen. Erst in der gegenwärtigen Geistesepoche haben sich alle Zweige der Wissenschaft dadurch zur vollen Selbständigkeit erhoben, daß sie allein die Erfahrung als die unmittelbare Grundlage aller ihrer Erkenntnisse geltend gemacht haben. Das Subjekt der Erfahrung aber ist der Mensch. Dieser hat zunächst wie das Tier ein psychophysisches Dasein. Nicht dieses macht jedoch seine spezifische Bestimmung aus, sondern vielmehr, daß er sich über jenes hinaus zu einem geistigen Wesen entwickelt. An dem psychophysischen Dasein hat er zwar die sich seinem individuellen Ich unmittelbar vergegenwärtigende Wirklichkeit, aber wegen dieser Beziehung auf seine individuell beschränkte Bestimmtheit nicht zugleich die Wahrheit der Wirklichkeit. Diese erfaßt er nicht durch seine psychophysische, sondern durch seine geistige Menschheit. **Das Subjekt aller wissenschaftlichen Erkenntnis ist daher der geistige, nicht der psychophysische Mensch.** Was beide aber prinzipiell unterscheidet, ist die Tatsache, daß sich die Wirklichkeit dem psychophysischen Bewußtsein eben nur in individueller Beschränktheit, dem geistigen jedoch in allgültiger Wahrheit darstellt. Diese allgültige Geistigkeit aber wäre, wie das vom Psychologismus auch immer behauptet worden ist, nur ein sekundärer, erst von der Grundlage der individuell psychischen Erfahrung abgeleiteter Erkenntnisprozeß, wenn sie nicht selbst der unmittelbare Ausdruck einer selbständigen Erfahrungstätigkeit wäre. Das ist sie aber tatsächlich, denn die Allgültigkeit verlebendigt sich unmittelbar in der Objektivierung der Erfahrungswirklichkeit. Objektivität und allgültige Wirklichkeit ist schlechthin dasselbe. Was also die wahre Wirklichkeit des Menschen ausmacht, stellt sich nicht in seinen individuell psychischen Erlebnissen dar, sondern in der Objektivität oder Allgültigkeit seiner Erfahrungsentwicklung.

In dieser Objektivierung der Erfahrung aber offenbart sich das Wesen des geistigen Menschen. Wir würden weder von diesem, noch von der wahren Wirklichkeit überhaupt etwas wissen, wenn sich durch das geistige Wesen des Menschen nicht eine Differenzierung der subjektiven und objektiven, der individuellen und allgültigen Erfahrung vollzöge. Da sich nun die Wissenschaft nicht wie das gemeine Bewußtsein nur mit der Erkenntnis der Wirklichkeit, sondern mit der Erkenntnis der wahren Wirklichkeit zu befassen hat, so ist das Subjekt ihrer Erfahrungsbegründung auch nicht der psychophysische, sondern der geistige Mensch. Demnach muß es auch so viele Gruppen von selbständigen Wissenschaften geben, als es spezifische Objektivierungsarten gibt. Ob also die Philosophie im strengen Sinne Wissenschaft ist, hängt allein von dem Nachweis ab, ob sie die methodische Erkenntnis eines solchen eigentümlichen Objektivierungsprozesses ist.

Vom Altertum an bis zu Kant hin wußte man nur von einer solchen Objektivität, nämlich von dem objektiven Naturzusammenhange. Erst die unmittelbaren Nachfolger Kants erschlossen dann die Einsicht, daß sich auch in der Geschichte, wenn schon in ganz anderer Art als in der Natur, ein zweiter solcher Objektivierungsprozeß vollzieht. Darüber hinaus aber gelangte man auch hier nicht. Eine Objektivität, welche das spezifische Erkenntnisgebiet der Philosophie ist, wurde weder gefunden, noch gesucht. In der philosophischen Erkenntnis sollte sich vielmehr die absolute Idealität des Geistes abschließend darstellen.

Hier war noch nicht erkannt, daß es außer der physischen und geschichtlichen noch einen dritten Objektivierungsakt gibt, und daß dieser daher gerade das wissenschaftliche Erkenntnisobjekt der Philosophie ist. Denn es stellt sich heraus, daß sich überdies ein jenen beiden Bewußtseinsarten zu Grunde liegendes Totalitätsbewußtsein zu erkennen gibt, das sich ebenfalls allgültig verwirklicht. Während sich jedoch in dem objektiven Zusammenhange der Natur und der Geschichte nur die **Prädikatsbestimmung** des wissenschaftlichen Erfahrungssubjektes darstellt, manifestiert sich dagegen in dem Objektivierungsprozeß des Totalitätsbewußtseins die universelle **Subjektsbestimmung** des geistigen Menschen. Erst vermöge dieser Unterscheidung aber wird es möglich, das selbständige Forschungsgebiet der Philosophie endgültig festzustellen.

Die Philosophie — das ist das Ergebnis — hat eine ebenso selbständige Erfahrungsgrundlage wie die Natur- und Geschichtswissenschaft. Denn es verlebendigt sich im Menschen nicht bloß das Bewußtsein der äußeren und inneren Erfahrungsprädikate, sondern drittens noch das Totalitäts- oder universelle Subjektsbewußtsein, das seine allgültige Verwirklichung in der Vereinigung mit dem individuellen Subjekt vollzieht. Im Unterschiede von den anderen Objektivierungsakten dieses Totalitätssinnes, in denen sich die Kunst und die Religion erzeugt, ist die Philosophie derjenige Prozeß, in welchem das Subjekt des Ganzen durch die abschließende Vergeistigung des Menschen das Wirken seines Wirkens rein als solches begreift. Der philosophische Sinn ist daher der Faktor der methodischen Entwicklung des Totalitätssinnes.

Dieses durch die Ermittlung des philosophischen Sinnes gewonnene Ergebnis läßt sich nunmehr in den drei Sätzen aussprechen: 1) Nicht die Prädikatsbestimmung, sondern das Subjekt der Totalität ist der spezifische Gegenstand der philosophischen Erkenntnis; — 2) die Erfahrungsgrundlage der philosophischen Wissenschaft ist das menschliche Totalitätsbewußtsein, durch das sich das universelle Subjekt unmittelbar vergegenwärtigt; — 3) die Allgültigkeit des Totalitätsbewußtseins verwirklicht sich in der einheitlichen Vergeistigung der individuellen Subjekte und gelangt durch die Philosophie zum Begriff der Wahrheit ihrer Wirklichkeit. —

Nachdem auf diese Weise das selbständige Erkenntnisgebiet der Philosophie unzweideutig festgestellt ist, bleibt nunmehr noch übrig, die Philosophie als die Wissenschaft von der Totalität des Wirklichen zu charakterisieren.

Die Philosophie als Totalitätswissenschaft.

Die Philosophie ist reine Totalitätswissenschaft, nicht bloß reine Vernunftwissenschaft. Das ist das fundamentale Kennzeichen, durch das sich der gegenwärtige Gestaltungsprozeß von seiner ganzen vorangehenden Entwicklung unterscheidet. Das Vernunftbewußtsein ist ein wesentlicher Faktor des Totalitätsbewußtseins, aber auch nur ein Faktor. Nicht die Ganzheit der Wirklichkeit ist die Vernunft, sondern nur die Bedingung ihrer Möglichkeit (die conditio, sine qua non). Ehe freilich die Philosophie zur Erforschung des Ganzheitsproblems übergehen konnte, mußte erst die notwendige Voraussetzung oder die allgemeine Vernunftbedingtheit alles wahrhaft Wirklichen in seiner vollendeten Bedeutung erkannt sein. Aber zugleich liegt darin der entscheidende Grund, daß einmal die Zeit kommen mußte, wo die Philosophie nicht länger mehr dabei verharren konnte, nur Wissenschaft des abstrakt Allgemeinen zu sein.

Dieser Übergang zu einer neuen Geistesepoche zeigte sich zunächst darin, daß im Verlaufe des 19. Jahrhunderts von allen Seiten ein heftiger Kampf gegen den Rationalismus entbrannte. Es war nicht bloß der vulgäre Rationalismus des 18. Jahrhunderts, der hiervon betroffen wurde, sondern weiterhin und nicht minder energisch auch der spekulative Rationalismus unseres klassischen Zeitalters. In der Tiefe des religiösen Volksbewußtseins begann sich zuerst der heftigste Widerspruch gegen den theologischen Rationalismus zu regen, aber ebenso wurde der wissenschaftliche Geist auch auf den anderen Gebieten davon ergriffen, und nicht nur die Religionswissenschaft, sondern auch die Rechts-, Natur- und Geschichtswissenschaft sagte sich von der spekulativen Vernunfterkenntnis los. Waren auch die Motive, die diese antirationalistische Bewegung erzeugten, sehr verschieden, so vereinigten sich doch alle modernen Elemente, selbst ohne zu wissen, wohin der Weg nun führen sollte, unter dem gemeinsamen Kampfruf: Los vom Rationalismus!

Sucht man den tieferen Grund dafür auf, so zeigt er sich darin, daß die Vernunftwissenschaft als solche ihre Aufgabe gelöst hatte, und daß die Geistesentwicklung nunmehr dazu fortschreiten mußte, sich über den Stand der abstrakten Vernünftigkeit zu erheben. Dieser vollendete sich in dem System des spekulativen Idealismus; und wenn man diese endgültige Gestaltung durch ein bestimmtes Ereignis bezeichnen soll, so wird man sagen müssen, daß die Durchführung der reinen Vernunfterkenntnis in Hegels „Encyklopädie der philosophischen Wissenschaften" zum Abschluß kam. Dieses Werk erschien im Jahre 1817, in demselben Jahre, in welchem man die dritte Säkularfeier des Anbruchs der kirchlichen Reformation beging. Und nun sollte nach dreihundert Jahren abermals wieder eine Reformation einsetzen, aber diesmal eine Reformation, die in der Neugestaltung des gesamten Geisteslebens ihren Ursprung hat. Zwar wußte sich der spekulative Rationalismus im Reiche der Wissenschaft noch einige Zeit hindurch die Vorherrschaft zu sichern, aber schon in jenem Jubiläumsjahr zeigte es sich, daß neue Lebensmächte sich geltend zu machen begannen.

Inbezug auf die Philosophie äußerte sich diese Bewegung einerseits zunächst ganz negativ, nämlich in der entschiedenen Ausschaltung aller spekulativen Vernunfterkenntnis, und andererseits in der positiven Forderung, auch die Philosophie auf Grund einer erneuten Prüfung der Erfahrungsquellen zu reformieren. Macht man mit dieser Prüfung der Erfahrungsfundamente vollen Ernst, so ergibt sich, wie gezeigt worden ist, daß die Totalitätsfunktion des eigentümlich menschlichen Erfahrungsbewußtseins überhaupt als solche noch nicht geltend gemacht worden ist, obwohl diese gerade der Grundfaktor der spezifisch philosophischen Erkenntnis ist.

Ist aber nun Vernunft und Totalitätsbewußtsein nicht letzthin ein und dasselbe, so daß dabei doch der ganze Gegensatz schließlich nur auf einem Wortstreit beruht? — Wenn man den Gang der philosophischen Entwicklung von den Eleaten und Aristoteles an bis zu Hegel hin verfolgt, so könnte man in der Tat zu der Auffassung kommen, daß durch jene beiden Bezeichnungen dieselbe Bewußtseinstätigkeit ausgedrückt wird, weil in alle Vernunftuntersuchungen stets auch Totalitätsfragen mit hineinspielen. Indessen das beweist gerade, daß es zwischen „Vernunft" und „Totalitätsbewußtsein" eben noch zu keiner klaren Begriffsscheidung gekommen ist, und diese Forderung drängt sich nunmehr auf.

Hegel, der ja die reine Vernunfterkenntnis prinzipiell zu Ende führte, erklärte: „Das Bewußtsein hat im allgemeinen nach der Verschiedenheit des Gegenstandes drei Stufen. Er ist nämlich entweder das dem Ich gegenüberstehende Objekt; oder er ist Ich selbst; oder etwas Gegenständliches, das ebensosehr dem Ich angehört, der Gedanke. Diese Bestimmungen sind nicht empirisch von Außen genommen, sondern Momente des Bewußtseins selbst. Es ist also: 1) Bewußtsein überhaupt; 2) Selbstbewußtsein; 3) Vernunft." Und die Vernunfttätigkeit wurde dann von ihm so erläutert, daß er sagte: „Die Vernunft ist die höchste Vereinigung des Bewußtseins und des Selbstbewußtseins oder des Wissens von einem Gegenstande und des Wissens von sich. Sie ist die

Gewißheit, daß ihre Bestimmungen ebensosehr gegenständlich, Bestimmungen des Wesens der Dinge, als unsere eigenen Gedanken sind, — Subjektivität, als das Sein oder die Objektivität, in einem und demselben Denken." Damit ist zum Ausdruck gebracht, daß die Vernunft das sich selbst objektiv bestimmende und subjektiv wissende Allgemeine ist oder, wie gesagt wurde, „die an und für sich seiende Allgemeinheit und Objektivität des Selbstbewußtseins".

Die Frage, wie sich Vernunft und Totalitätsbewußtsein zu einander verhalten, läuft nun darauf hinaus, was den Unterschied zwischen der Allgemeinheit und Ganzheit ausmacht. Daß die ganze Philosophie bis zu Hegel hin in der Hauptsache reine Vernunfterkenntnis war, hatte darin seinen Grund, daß ihr Grundproblem letzthin die ursprüngliche Selbstbestimmung des Allgemeinen blieb. Diese reine Allgemeinheit hatten die Eleaten als „das Sein" bezeichnet, und daraus erwuchs nun der Philosophie zunächst die Aufgabe, die Selbstbestimmung dieses allgemeinen Seins in folgerechter Durchführung zu entwickeln. Die sich aber damit befassende Philosophie wurde als ontologische Metaphysik bezeichnet, und daher bildete diese den Mittelpunkt der philosophischen Untersuchungen überhaupt. Nach dem Vorgange des Aristoteles wurde sodann in der sich von Kant bis zu Hegel erstreckenden Erkenntnisbewegung die Methode der vernünftigen oder allgemeingültigen Selbstbestimmung des Seins dargelegt. Dadurch aber trat zu Tage, daß die Vernunft die Identität des Denkens und Seins ist oder die denkende Selbstentwicklung der reinen Allgemeinheit.

Aber nun ist das Allgemeine oder das rein Sein nicht das Ganze, sondern nur ein Faktor des Ganzen. Denn der Unterschied zwischen beiden ist der, daß das Ganze die Einheit des Allgemeinen und des Nicht-Allgemeinen ist, und darin liegt zugleich, daß das Allgemeine eben nur den einen Faktor des Ganzen bildet. Es kann sich auch rein von sich aus niemals zum Ganzen entwickeln, weil in seinem Begriff liegt, daß es das Nicht-Allgemeine immer nur ausschließen, niemals einschließen kann. Wie wichtig und unentbehrlich daher auch die Erkenntnis des Allgemeinen für die Philosophie ist, so kann sie doch die Bedeutung niemals haben, daß der ganze Weltprozeß, wie Hegel wollte, aus ihr abgeleitet werden könnte. Das allgemeine Sein kann nie und nimmer das Subjekt des Ganzen sein.

Ein augenfälliges Beispiel dafür, wie selbst die genialsten Köpfe die Schranken ihres Zeitalters nicht völlig zu durchbrechen vermögen, bietet sich in der Tatsache, daß schon Fichte von dem Streben ergriffen wurde, von der bloßen Vernunfterkenntnis der abstrakten Allgemeinheit loszukommen und daß doch er sowohl wie seine unmittelbaren Nachfolger durch das Festhalten an dem absoluten Seinsbegriff nicht dazu gelangten. Der Begriff der Ganzheit tauchte bereits an ihrem Horizont empor, aber er zeigte sich ihnen noch nicht in seiner vollendeten Bedeutung. Wie aber bestimmt sich dieser Begriff? Darauf ist zu antworten: Das Ganze ist nur dadurch ein vollendetes Ganze, daß das Subjekt aller Wirklichkeit den vollen Inbegriff seines Gegenteils hervorbringt (objiziert) und diesen Gegensatz zugleich Stufe für Stufe bis zum vollkommenen Einswerden mit sich aufhebt. Es muß demnach das Ursubjekt oder der letzte Grund alles Seins ein reines Wirken sein. Als solches ist es dann diejenige Urenergie, deren Wesen es ist, das an sich selbst Energielose einerseits zu setzen und andererseits den Gegensatz dieses von ihm selbst beständig Geschaffenen fortschreitend zu negieren, bis das Energielose schließlich mit ihm selbst wesenseins, d. h. Energie wird.

Nur so läßt sich die Einheit der vollendeten Ganzheit, d. h. der Totalität alles Wirklichen begreifen. Damit tritt nun auch der fundamentale Unterschied zwischen dem Begriff des Allgemeinen und dem Begriff des Ganzen zu Tage. Das Allgemeine ist nie das Ganze und kann es rein von sich aus auch nie werden. Denn in seiner universellen Bedeutung ist das Allgemeine nur die notwendige Voraussetzung oder die Bedingung der Möglichkeit des Ganzen; es ist nicht die Totalität des Wirklichen selbst. Denn das Wirkliche ist die konkrete Einheit des Allgemeinen und des Nicht-Allgemeinen oder des Inbegriffs alles Besonderen und Individuellen. Eben dieses Besondere des Wirklichen ist aber gerade von der Sphäre des Allgemeinen ausgeschlossen. Mag man nämlich unter dem Allgemeinen das Sein oder das Denken oder die Identität beider verstehen, so gelangt man doch durch die Ermittlung dieses Allgemeinen und seiner aus ihm entspringenden Bestimmungen immer nur zur Erkenntnis derjenigen Voraussetzungen, ohne die das Ganze nie das Ganze sein kann, niemals zu der positiven Erkenntnis, wodurch das Ganze wirklich das Ganze ist. Wohl kann man auch vom Boden der abstrakten Allgemeinheit aus zur Erkenntnis einer inneren Besonderung kommen; dann nämlich, wenn das Allgemeine als solches durch die Denktätigkeit zur Entwicklung seiner eigenen, besonderen Bestimmungen gelangt, wie dies von Hegel durchgeführt worden ist. Was aber ist dies für ein Besonderes? Nicht ein solches der konkreten Totalität, sondern nur ein solches der abstrakten Allgemeinheit. Denn das Besondere, das aus der Differenzierung der noch unbestimmten Allgemeinheit hervorgeht, ist selbst nur ein mehr oder weniger Allgemeines, nicht jedoch das schlechthin Nicht-Allgemeine. Die Vereinigung mit diesem Besonderen aber, das dem Allgemeinen als etwas relativ Ursprüngliches entgegengesetzt ist, macht erst den Begriff des Ganzen aus. Soll daher aus dem bloß allgemeinen Sein das Ganze werden, so genügt es nicht, daß dieses sich als solches differenzierend bestimmt, sondern zu dem Sein muß erst das Nichtseiende (d. h. das nicht durch sich selbst Seiende) und ebenso zu dem Denken das Nichtdenkende hinzukommen, damit durch die Aufhebung dieses Gegensatzes in einer höheren Einheit das Ganze sich darstelle. Auch das entwickelte Allgemeine hat also noch immer etwas außer sich, nämlich das schlechthin Nicht-Allgemeine, und eben deswegen kann es weder das Ganze sein, noch sich bloß von sich aus dazu entwickeln. Das Ganze aber ist dasjenige, außer welchem weder etwas ist, noch sein kann, und es wird stets nur dann begriffen, wenn sich eine Bestimmtheit (A) mit dem Inbegriff aller ihrer Gegenbestimmtheiten (Non-A) zur vollendeten Einheit verbindet, weil außerhalb dieser Vereinigung unmöglich noch etwas sein oder gedacht werden kann.

Man nehme eine Bestimmtheit, welche man wolle, z. B. die Materie, so wird man allein von ihr aus, nämlich durch die Entwicklung der besonderen, immanenten Bestimmungen, deren allgemeiner Grund sie ist, niemals zum Begriff des Ganzen gelangen. Dies ist nur möglich, wenn sich das Materielle mit dem außer ihm liegenden Inbegriff alles Nicht-Materiellen zu einer durch beide Faktoren bestimmten Einheit aufhebt. Nicht anders steht es, wenn man von dem Denken ausgeht. Auch dieses kann nicht die alleinige Grundbestimmtheit des konkreten Weltganzen sein. Denn, wenn dieses Ganze vom Denken aus bestimmt werden soll, so muß erst die äußere Gegenbestimmtheit alles Nichtdenkenden hinzugenommen werden, um durch die Vereinigung dieser beiden an sich entgegengesetzten Potenzen den Begriff der wahren Totalität zu erreichen. So aber ist es mit allen Bestimmtheiten, die man als den einheitlichen Grund des Weltganzen geltend zu machen sucht; mag dies nun der Stoff oder der Geist, das Bewußte oder Unbewußte, der Wille oder der blinde Mechanismus sein; sie sind alle nur abstrakte Allgemeinheiten, die als solche das ihnen entgegengesetzte Nicht-Allgemeine nicht zugleich mitbegreifen und daher wohl zur Erkenntnis der notwendigen Voraussetzungen oder der bloßen Möglichkeit, aber nicht zur Erkenntnis der vollendeten Wirklichkeit des konkreten Weltganzen tauglich sind. Infolgedessen sind auch alle darauf gegründeten Weltanschauungen, sowohl die materialistische, wie die spiritualistische, die voluntaristische wie die mechanistische gleich unzureichend. **Wahrhaft philosophisch ist nur diejenige Welterkenntnis, die auf der Entwicklung des Begriffs der Totalität oder der Ganzheit beruht.**

Der erste Satz der Totalitätserkenntnis bringt also, wie gezeigt wurde, zum Ausdruck, daß das vollendete Ganze der Weltwirklichkeit nur dadurch begriffen werden kann, daß sich der Gegensatz eines Faktors (A) mit dem Inbegriff aller seiner Gegenfaktoren (Non-A) in einer geschlossenen Einheit aufhebt. Damit aber ist nur die logische Bestimmtheit des Begriffs der universellen Ganzheit festgestellt; es ist darin nur gesagt, wie der Totalitätsbegriff verfaßt sein muß, nicht aber, was ihn verwirklicht. Im Unterschied von jener ist dieses die metaphysische Begriffsbestimmung. Diese ist nunmehr zu ermitteln.

Drängt uns der Totalitätssinn unseres Erfahrungsbewußtseins, das Universum als ein einheitliches Ganze zu begreifen, so fragt sich, welches das Wesen dieser Einheit und seiner Verwirklichung ist. Das wollte auch die frühere Metaphysik, aber sie schlug einen Weg ein, der eben nur zur Erkenntnis des Allgemeinen, nicht zur Erkenntnis des Ganzen führte. Was aber muß nun geschehen, um die Entwicklung dieses Totalitätsbegriffs methodisch zu begründen?

Zunächst legt der erste Totalitätssatz fest, daß das universelle Ganze, — und nur von diesem ist hier die Rede, — niemals eine einfache, ursprünglich gegebene Einheit sein kann, sondern eine solche, die nur dadurch ist, daß sie sich aus der Vereinigung zweier entgegengesetzter Faktoren verwirklicht und beständig erneuert. Denn jede einfache Einheit, mag sie nun Gott oder absolutes Sein oder absoluter Wille oder sonstwie heißen, ist noch keine wahre Totalität. Um dieses zu sein, muß zu Gott immer erst das ihm entgegengesetzte Nichtgöttliche, zum Sein das Nichtseiende, zum Willen das Nichtwollende hinzukommen und in seinem Gegensatz überwunden werden. Eine Gottheit ohne das Nichtgöttliche und die Aufhebung dieses Gegensatzes wäre eine unvollkommene Gottheit, welche Fülle des Lebens man ihr auch sonst immer beilegen mag. Und ebenso ist es mit dem Sein, dem Willen usw. Mag der Same des in ihnen verborgenen Daseins und Wirkens auch noch so reich sein, sie sind doch nicht das Ganze, weil der Faktor ihres vollendeten Gegensatzes und die Ineinssetzung beider fehlt. Wenn sich aber demgegenüber das Ganze beständig aus zwei Faktoren erzeugen soll, die sich einerseits einander ausschließen und andererseits doch auch zu einer Einheit aufheben sollen, liegt darin nicht ein unlösbarer Widerspruch? — Für das verstandsgemäße Denken gewiß! Denn dieses ist das unterscheidende, besondernde, differenzierende Denken, als welches es das also Abgesonderte in seiner Starrheit und Unbeweglichkeit außer sich hält. Das aber entspricht nicht der lebendigen Wirklichkeit. Denn in dieser ist alles unter sich und mit dem Ganzen in zusammenhängender und ineinander übergehender Einheit verbunden. Aber nur dasjenige Denken, das diesen Prozeß des Ganzen denkt, ist das die Wahrheit und Wirklichkeit des Universums begreifende Denken. Es ist das Wissen des Ganzen von sich selbst, und in seiner Verwirklichung löst sich auch jener Widerspruch.

Hatte sich in diesem Denken zunächst der Satz erzeugt, daß nur dasjenige das vollendete Ganze sei, in welchem sich ein Urfaktor mit dem von ihm erwirkten Gegenfaktor zu einer geschlossenen Einheit aufhebt, so fragt sich, wie sich aus dem vollendeten Gegensatz der Faktoren doch die vollendete Einheit des Ganzen verwirklichen könne. Dies wäre jedenfalls unmöglich, wenn beide Faktoren, sowohl der Grundfaktor wie der Gegenfaktor, unabhängig von einander gegeben wären. Denn dann wäre die vollendete Vereinigung beider entweder gar nicht oder nur durch die gänzliche Vernichtung des einen möglich, und damit wäre die Totalität selber vernichtet. Nun ist aber das Universum eine solche Totalität alles Wirklichen und Möglichen; und dies ist nur möglich, wenn der schöpferische Urfaktor selber den Inbegriff seines ausschließenden Gegenteils erzeugt und zugleich den dadurch entstehenden Gegensatz aufhebt. Das heißt aber, jener Urfaktor des Ganzen kann nicht etwas in sich selbst Bestehendes, eine die Fülle alles Wirklichen in sich bergende Substanz sein, sondern er muß vielmehr ein solches Wirken sein, dessen Wesen es ist, den vollen Inbegriff seines eigenen Gegenteils zu erwirken, um es mit sich in Eins zu setzen. Nicht also universelle Substanz, sondern universelle Energie muß der letzte Grund des Weltganzen sein. Denn nicht schon ein in sich bestehendes, substanzielles Sein kann das seinem eigenen Wesen widersprechende Gegenteil erwirken, sondern nur ein solcher Faktor, dessen Wesen es ist, nicht in sich und bei sich selbst zu verharren, sondern vielmehr beständig sein Nichtselbst zu erwirken und es seinem eigenen Selbst wesensgleich zu machen. So nur kann das Ganze als Ganzes sich lebendig verwirklichen und ewig lebendig erhalten.

Es ist derjenigen Weltanschauung, die als Pantheismus bezeichnet wird, eigentümlich, daß sie als Grund des Weltganzen ein in sich beharrendes Sein oder eine Substanz setzt, aus der die Erscheinungen der Erfahrungswelt „nach ewigen, ehernen, großen Gesetzen" zu vorübergehendem Dasein emportauchen und danach wieder in jenes unbestimmte, undeterminierte Allsein zurücksinken. Auf diese Weise aber kann das Universum niemals als ein in sich vollendetes Ganzes begriffen werden. Denn zu einer solchen Totalität gehört außer der Substanz das seinem Ursprung und Wesen nach Nichtsubstanzielle, mit dem vereint es erst zu einem wahrhaften Ganzen werden würde. Ein derartiges äußerlich entgegengesetztes Nichtsubstanzielles schließt aber der Pantheismus grundsätzlich aus; auch könnte sein in sich beharrendes Sein eben als solches niemals von sich aus zur Setzung jenes äußeren Gegensattors kommen. Zwar kennt auch der Pantheismus ein nicht rein Substanzielles, nämlich die Dinge und Veränderungen der Erfahrungswelt. Aber diese sind ihm nicht etwas dem substanziellen Sein schlechthin Entgegengesetztes, noch entstehen sie ihm aus der Vereinigung mit einem solchen, sondern sie sind ihm nur aus der inneren Selbstbestimmung oder Selbstbeschränkung der Substanz hervorgehende und wieder spurlos verschwindende Erscheinungsweisen. Aus diesem Grunde ist aber der Pantheismus rein als solcher völlig unvermögend, die lebendige Wirklichkeit des Weltganzen zu begreifen. Denn was er tatsächlich begreift, ist nur die Notwendigkeit, wie ein abstrakt Allgemeines, nämlich das substanzielle Sein, sich als solches allgemeingültig bestimmen oder determinieren muß. Diese in sich selbst bestimmte Allgemeinheit ist jedoch noch keineswegs die volle Wirklichkeit, weil zu dieser auch das nicht substanzielle, d. h. das nicht im Allgemeinen wurzelnde Gegenteil gehört. Aus diesem entspringt aber vor allen Dingen im Gegensatz zur Substanzialität die individuelle Subjektivität und im Gegensatz zur allgemeinen Notwendigkeit die persönliche Eigentümlichkeit. Und weil nun der Pantheismus vom Boden des abstrakt substanziellen Seins aus weder die Individualität, noch die Freiheit des Geistes wahrhaft zu erklären vermag, so kann er gar nicht anders, als sie von seinem Standpunkt aus für bloßen Schein zu achten. In der Totalität des Wirklichen aber ist mit der Substanzialität die Subjektivität und mit der Notwendigkeit die Freiheit zu einem konkreten Ganzen vereinigt und daraus geht hervor, daß dieses lebendige Weltganze nie und nimmer pantheistisch nur aus einer allgemeinen Ursubstanz und ihrer inneren

Selbstentwicklung begriffen werden kann. Der letzte Grund der gesamten Weltwirklichkeit kann nicht bloß, wie der Pantheismus annimmt, ein in sich selbst verharrendes und sich selbst determinierendes Allgemeines oder eine Substanz sein, sondern er muß etwas sein, das sein eigenes Gegenteil erwirkt und damit außer der Substanzialität die Subjektivität und außer der Notwendigkeit die Freiheit verwirklicht. Das aber vermag nur die Urenergie, nicht die Ursubstanz.

Um das Universum als ein vollendetes Ganzes zu begreifen, kann aber die allschöpferische Urenergie nicht mit dem, was Ursache genannt wird, zusammenfallen. Denn die Ur-Sache als ursprünglich wirkende Sache hebt sich in der Wirkung auf. Die Wirkung ist erst ihre Verwirklichung. Aber von dieser Verwirklichung ist die Ursache doch verschieden, sofern darin die Beziehung auf ihren ursprünglichen Sachbestand festgehalten wird. Von der Ursache unterscheidet sich aber die Urenergie zunächst dadurch, daß sie nicht ursprüngliche Sache, sondern das die Sache erst schaffende und wirksam machende Wirken ist, also der schöpferische Grund der Ursache. Durch das ursächliche Wirken wird weder etwas Neues geschaffen, noch etwas Gegebenes vernichtet, sondern es wird nur der beständige Ausgleich in dem Werdeprozeß der Natur erwirkt. Die Urenergie aber, als der Grund des Weltganzen, ist ein zugleich schöpferisches und negierendes Wirken. Es ist schöpferisch, insofern es das Ganze dadurch begründet, daß es das Energielose als den Inbegriff des eigenen Gegenteils setzt, und es ist beständig negierend, insofern es diesen von ihm erwirkten Gegensatz zwischen seiner reinen Energie und dem rein Energielosen oder m. a. W. zwischen dem Schaffenden und dem Geschaffenen einerseits aufhebt und in demselben Maße wieder erneuert. Demnach ist die Urenergie kein Wirken, das völlig in das von ihm Erwirkte übergeht, sondern es ist ein solches, das darüber hinausgreift, insofern es mit der Setzung seines Gegenteils zweitens die Aufhebung dieses Gegensatzes und drittens über diesen Ausgleich hinaus die universelle Entgegensetzung von neuem erwirkt. Vollzieht sich also in den ursächlichen Vorgängen nur ein einförmiges Wirken, so ist dasjenige der Urenergie dreiheitlich, und nur in diesem dreiheitlichen Prozeß verwirklicht und erneuert sich beständig das Ganze als Ganzes.

Eben weil sich das Universum nur als ein lebendiges, sich ewig erneuerndes Ganzes begreifen läßt, darum kann der letzte Grund seines Daseins keine in sich beharrende, nur sich selbst determinierende Substanz sein, sondern er muß reines, über sich selbst hinauswirkendes und sich so erst wahrhaft als Ganzes setzendes Wirken sein. Erst damit vollzieht sich der endgültige Bruch mit der scholastischen Metaphysik, die in dieser oder jener Form noch bis auf den heutigen Tag nachwirkt und oft in verhüllter, ihren Ursprung kaum verratender Gestalt erscheint. Sie ist es, die von einem durch sich seienden, in sich beharrenden und die Fülle alles Möglichen und Wirklichen in sich bergenden absoluten Sein ausgeht. Das aber ist ihr das Sein Gottes. Und von diesem wird nun behauptet: „Da Gott alles, was er ist, durch sich ist, so ist auch alles, was in ihm ist, notwendig. Zwar kann Gott durch sein Wirken nach außen in mannigfaltige Verhältnisse zu seinen Geschöpfen treten; aber weder dies sein Wirken, noch das Verhalten der Geschöpfe kann in ihm, in seinem Sein, irgend eine Veränderung hervorbringen. Es gibt also in Gott nicht bloß Mögliches oder Potenziales; was er sein kann, das ist er, und was von ihm gedacht werden kann, das muß von ihm gedacht werden. Nur vom geschaffenen Sein also gilt der Grundsatz, daß nicht alles Denkbare und Gedachte auch schon wirklich ist. Ist aber nur vom geschaffenen Sein die Rede, so haben wir den Grund, weshalb nichts sein kann, was nicht denkbar ist, darin zu suchen, daß nichts außer Gott sein kann, das nicht, ehe es wurde, von Gott gedacht wurde. Das reale Sein der Dinge setzt ihr ideales voraus, und das Wissen Gottes muß als Ursache der Dinge betrachtet werden. Aber die Dinge werden noch nicht dadurch, daß Gott sie denkt, sondern erst dadurch, daß mit dem göttlichen Wissen der göttliche Wille vereinigt ist; und dieser Wille ist frei, zu schaffen oder nicht, und wenn er schafft, dieses oder jenes zu schaffen. Wie also der Grund, weshalb nichts Undenkbares sein kann, darin liegt, daß nichts sein kann, was nicht, bevor es wurde, in Gottes Gedanken war, so liegt auch der Grund, weshalb nicht alles Denkbare und Gedachte wirklich ist, darin, daß alles, was außer Gott ist, nicht durch das bloße Wissen, sondern erst durch den freien Willen Gottes wird. — Gott muß nichts wollen, als sein eigenes, vollkommenstes Wesen, und er kann, was außer ihm ist, nur wollen, weil er es wollend zugleich sich, sein höchstes Wesen will; er braucht es aber nicht zu wollen, weil er, auch wenn er es nicht will, sich wollen, sein höchstes Wesen mit vollkommener Liebe umfangen kann. Wie also die göttliche Wesenheit als Urbild alles Seins der letzte Grund ist, weshalb es Denkbares und Undenkbares gibt; so ist sie auch als Fülle alles Seins der letzte Grund, weshalb alles außer ihm Denkbare von ihm gewollt und nicht gewollt werden, und folglich auch der Grund, weshalb es sein und nicht sein kann."

Die Unhaltbarkeit dieser Metaphysik liegt darin, daß dieses so bestimmte göttliche Sein gar nicht der wahre Grund des lebendigen Universums sein kann. Denn dieses Sein ist weder selbst ein vollendetes Ganzes, noch ist es der notwendige Grund des universellen Ganzen. Mag von Gott immerhin gesagt werden, daß er alles, was er ist, durch sich ist, und daß auch alles, was in ihm ist, notwendig ist, so ist er doch eben dadurch noch nicht das vollkommene Wesen. Um der letzte Grund alles Wirklichen und Möglichen zu sein, genügt es nicht, daß nur das, was in ihm ist, notwendig ist, sondern Gott muß auch der notwendige

Grund dessen sein, was außer ihm ist. Nun ist zwar nach der scholastischen Metaphysik auch das außergöttliche Dasein nur durch den Willen Gottes da, aber dieser Schöpferwille hat keine innere Notwendigkeit, sondern er ist ein Willkürakt. Durch ihn kann Gott die Welt wollen, aber er kann sie eben so gut auch nicht wollen, ohne dadurch an seinem eigenen göttlichen Sein eine Einbuße zu erleiden. Ein Gott aber, dessen Begriff nicht das Nichtgöttliche notwendig mitumfaßt, ist noch nicht der wahre Gott. Das ist er erst, wenn es unbedingt zum göttlichen Wesen gehört, von sich aus das Nichtgöttliche zu setzen und es sich durch die Aufhebung dieses Gegensatzes wesenseins zu machen. Die Gott angedichtete Freiheit, nach Gutdünken die Welt zu schaffen oder nicht zu schaffen, ist eine Scheinfreiheit, denn Freiheit ist die selbständige Verwirklichung eines Wesens; unfrei oder bedingt frei ist dagegen ein Wesen, das durch Willkür oder äußeren Zwang zu seiner Selbstverwirklichung gelangt. Gehört daher die Schöpfung der Welt nicht zur eigenen Verwirklichung des Wesens Gottes, so ist dies eine willkürliche, nicht eine freie Tat. Der Gott, wie ihn die scholastische Metaphysik als den letzten Grund aller Dinge bestimmt, ist also weder ein vollkommener, noch ein freier Gott.

Geht man dagegen von dem Begriff der vollendeten Ganzheit des Universums aus, so ist als ihr letzter Grund nicht die Fülle eines in sich beharrenden Seins, sondern eine Urenergie geltend zu machen. Und aus demselben Begriff ergibt sich dann als das Wesen der Urenergie dies, das Energielose als die Bedingung der Welt zu setzen und durch die Aufhebung des Gegensatzes zwischen diesem und ihr selbst die Weltentwicklung zu erwirken, deren letztes Ziel die beständige und von Stufe zu Stufe fortschreitende Umsetzung des Energielosen in Energiebestimmungen des Ganzen ist. Nicht also wie das ursprüngliche Sein der älteren Metaphysik enthält die Urenergie als solche schon die ganze Fülle des Wirklichen und Möglichen, sondern dazu gelangt sie erst durch die vollendete Verwirklichung ihres Wesens. Diese aber ist keine zeitliche, sondern eine ewige. Sie hat nicht irgend einmal angefangen und wird irgend einmal aufhören, sondern sie ist ein lebendiges Ganzes, das sich als solches immer von neuem erzeugt und in der Hervorbringung dieser Totalität ihre Vollendung hat. Denn die wahre konkrete Vollendung ist kein absoluter Ruhezustand, sondern sie ist es nur durch die fortgesetzte Überwindung der ihr entgegengesetzten Unvollendung. Nur in unserem endlichen Verstande sondern sich die Faktoren dieses in sich vollendeten einheitlichen Ganzen; nämlich die schöpferische Energie von dem Energielosen, das sie ihrem Wesen nach zu setzen und als solches aufzuheben hat. In Wahrheit aber sind sie eine ungetrennte, sich gegenseitig bedingende und tragende Einheit, in der sich das Ganze als Ganzes vollendet. Im Gegensatz zu aller ontologischen Metaphysik muß daher gesagt werden, daß die Vollendung noch nicht in einem abstrakten Sein liegt, das seinen Gegensatz noch außer sich hat, sondern erst da, wo es diesen gesetzt und überwunden hat. Denn nur diese beständige und vollständige Überwindung des Gegenteils ist Vollendung.

Daraus ergibt sich nun der zweite Satz der Totalitätserkenntnis. Und dieser besagt: **Als letzter innerer Grund des Ganzen kann nicht ein substanzielles Sein gemacht werden, sondern nur eine universelle Energie, deren Wesen einzig und allein darin besteht, ihr reines Gegenteil, das Energielose, zu setzen und in Energie umzusetzen.** An Stelle der ontologischen Metaphysik tritt damit aber die energetische Metaphysik, und diese ist dadurch charakterisiert, daß sie zu ihrem Gegenstand nicht die Entwicklung des Begriffs der abstrakten Allgemeinheit, sondern desjenigen der konkreten Ganzheit hat, ferner, daß sie dementsprechend nicht das substanzielle Sein, sondern das universelle Wirken zum Prinzip hat. Als solche ist diese Metaphysik ihrem eigensten Wesen nach Totalitätsphilosophie.

Es wird nicht als überflüssig erachtet werden, darauf hinzuweisen, was nun dadurch erreicht wird, daß vom Begriff der Totalität aus die Urenergie als Grundprinzip des Weltganzen geltend gemacht wird. Mit Recht hat ein neuerer Naturforscher[1]) von seiner Spezialwissenschaft aus erklärt: „Der Maßstab für die Bewertung einer neuen physikalischen Hypothese liegt nicht in ihrer Anschaulichkeit, sondern in ihrer Leistungsfähigkeit." Nun hat es zwar die Philosophie nicht mit Hypothesenbildungen, sondern mit der Ergründung der Prinzipien zu tun, aber das gilt doch auch für sie, daß die sicheren Bestimmung des Grundprinzips sich in einer erhöhten Leistungsfähigkeit bewähren muß. Trifft dies nun zu für die Ersetzung des ontologischen durch das energetische Prinzip? Darauf ist folgendes zu antworten. Durch Kant war die Gewißheit von der selbständigen Realität der Außenwelt insofern in Frage gestellt worden, als ihr Dasein, von dem eingenommenen Standpunkt aus, sich als eine bloße Erscheinungswelt des denkenden Subjektes zu erkennen gab. An die Stelle der Realität trat die Phänomenalität. Hatte Kant aber nur die Identität zwischen dem Denken und den notwendigen und allgemeingültigen Bestimmungen dieses phänomenalen Daseins aufgezeigt, so ging die Identitätsphilosophie darüber noch dadurch hinaus, daß sie zur Aufstellung der Identität zwischen Denken und dem allem Dasein zugrunde liegenden Sein fortschritt. Damit aber war die prinzipielle Gegensätzlichkeit der Körper- und Gedankenwelt als bloßer Sinnenschein verneint, sodaß der äußere Natur-

---

[1]) M. Planck „Die Stellung der neueren Physik zur mechanischen Naturanschauung." — Naturwissenschaftliche Rundschau XXV. Jahrgang, Nr. 42.

zusammenhang danach nur noch als eine besondere Erscheinungsform der Denkprozesse in Frage kam.

Der Glaube an die vom Denken unabhängige Selbständigkeit der natürlichen Welt war zertrümmert. Zwar erhob sich dagegen der Protest nicht nur des „gesunden Menschenverstandes", sondern auch derjenige der gesamten Erfahrungswissenschaften. Aber da sich ein Erweis für die selbständige Realität der Außenwelt nicht mehr erbringen ließ, so verzichtete man lieber auf alle streng metaphysische Erkenntnis und entschloß sich statt dessen, die wissenschaftliche Erkenntnis lediglich auf die Erforschung der endlichen Relationen unserer Wahrnehmungswelt einzuschränken. Einem unbezwinglichen Instinkte folgend, wehrte man sich dagegen, das Ergebnis der idealistischen Philosophie anzuerkennen; aber, da man es doch nicht widerlegen konnte, so richtete man lieber von neuem die Standarte des Skeptizismus auf, wonach wir grundsätzlich zu dem Verzicht auf die Erkenntnis der letzten Gründe und damit des Weltproblems gezwungen sein sollen. Seinen klassischen Ausdruck hat dieser erkenntnistheoretische Skeptizismus durch die Erklärung von Helmholtz erhalten, worin er behauptet: „Die realistische Hypothese traut der Aussage der gewöhnlichen Selbstbeobachtung, wonach die einer Handlung folgenden Veränderungen der Wahrnehmung gar keinen psychischen Zusammenhang mit dem vorausgegangenen Willensimpuls haben. Sie sieht als unabhängig von unserem Vorstellen bestehend an, was sich in täglicher Wahrnehmung so zu bewähren scheint, die materielle Welt außer uns. Unzweifelhaft ist die realistische Hypothese die einfachste, die wir bilden können, geprüft und bestätigt in außerordentlich weiten Kreisen der Anwendung, scharf definiert in allen Einzelbestimmungen und deshalb außerordentlich brauchbar und fruchtbar als Grundlage für das Handeln. Das Gesetzliche in unseren Empfindungen würden wir sogar in idealistischer Anschauungsweise kaum anders auszusprechen wissen, als indem wir sagen: Die mit dem Charakter der Wahrnehmung auftretenden Bewußtseinsakte verlaufen so, als ob die von der realistischen Hypothese angenommenen Welt der stofflichen Dinge bestände. Aber über dieses „als ob" kommen wir nicht hinweg; für mehr als eine ausgezeichnet brauchbare und präzise Hypothese können wir die realistische Meinung nicht anerkennen; notwendige Wahrheit dürfen wir ihr nicht zuschreiben, da neben ihr noch andere unwiderlegbare idealistische Hypothesen möglich sind."

Aber wie der wissenschaftliche Geist sich gesträubt hat, bei dem Ergebnis der Identitätsphilosophie stehen zu bleiben, so kann er noch viel weniger auf dem Standpunkt des hypothetischen Realismus verharren. Die Probleme, die sich der Geist stellt, kann er auch lösen. Ein solches Problem ist das Weltproblem. Kann sich der forschende Geist nicht dabei beruhigen, daß die sachliche Welt nur eine vorgestellte Welt sei, so wird er auch die Mittel für den Nachweis ihrer eigentümlichen Wirklichkeit finden. Eben dieses Mittel gibt aber das energologische Totalitätsprinzip an die Hand.

Ist das Ganze als Ganzes nur dadurch zu begreifen, daß es die reine Energie zum Grundprinzip hat, und daß es das Wesen dieser Urenergie ist, das Energielose als sein vollkommenes Gegenteil zu setzen und in Energiebestimmungen umzusetzen, so liegt darin auch der Nachweis für die relativ selbständige Realität der Welt. Denn zuletzt kommt es bei dieser so oft erörterten und nie völlig befriedigend beantworteten Streitfrage doch darauf an, ob es der Vernunft und dem denkenden Geist gegenüber eine wirkliche Materialität gibt oder nicht. Von Leibniz an hatte der philosophische Idealismus doch schließlich an der Auffassung festgehalten, daß der materielle Zusammenhang der Dinge nur eine wohlgegründete Erscheinung sei und kein der Geisteswelt prinzipiell entgegengesetztes Dasein habe. Aber wie tiefsinnig und in den mannigfachsten Formen diese Lehre auch begründet wurde, sie hat sich doch niemals volle Zustimmung zu erringen vermocht. Immer wieder hat sich nicht nur die populäre Meinung, sondern auch das wissenschaftliche Bewußtsein dagegen aufgelehnt, den Gegensatz zwischen der Natur und Geisteswelt nur auf denjenigen zwischen Wesen und Erscheinung reduzieren zu lassen. Was die Identitätsphilosophie tatsächlich erreicht hat, war einerseits dies, daß der schroffe Dualismus zwischen Geist und Materie als eine völlig unhaltbare Meinung endgültig abgetan wurde, andererseits aber dies, daß der Geist als ein der Materie nicht gleichgeordnetes, sondern übergeordnetes Prinzip erwiesen wurde. „Die Genesis der ganzen Natur", so hieß es, „beruht einzig auf einem Übergewicht, welches fortschreitender Weise dem Subjekt über das Objekt bis zu dem Punkt gegeben wird, wo das Objekt ganz zum Subjekt geworden ist, im menschlichen Bewußtsein." So aber kam doch nur die schließliche Identität zwischen dem Objekt und Subjekt, der Natur und dem Geist zum Ausdruck, nicht aber auch der Gegensatz, der die Materie, wenn auch zu einem untergeordneten, doch zu einem notwendigen Gegenprinzip macht. Auch das Prinzip der Negativität, womit Hegel operiert, ist ein dem vernünftigen Sein immanenter, aber kein wahrhaft oppositioneller Faktor. Dazu schreitet erst die Totalitätsphilosophie fort.

Denn das Energielose oder das Träge, das sich die reine Totalitätsenergie notwendig entgegensetzt, ist das relativ selbständige Prinzip der Materie. Insofern ist nun die Materie nichts ursprünglich Selbständiges und darum kein wahrhaft Wirkliches, sondern sie ist der Gegensatz des Wirkens, der nicht in sich selbst, sondern nur darin seinen Bestand hat, daß er dem reinen Wirken seine realen Energiebestimmungen gibt. Zwar ist die Materie ein notwendig von der Totalitätsenergie Gesetztes; aber es ist nicht gesetzt um seiner selbst willen, sondern vielmehr nur, um beständig aufgehoben und dadurch in Energiebestimmungen umgesetzt zu werden. Eben deswegen ist auch die Materie als solche etwas Nicht-selbst-Wirkliches. Sie ist nicht, sondern sie wird erst etwas Wirkliches durch die fortschreitende Aufhebung ihres Gegensatzes. Ihre Wirklichkeit besteht nicht in ihr selbst, sondern in der Negierung dessen wodurch sie der Energie entgegengesetzt ist. Abstrakt genommen ist sie das bloß Mögliche. Dieses Mögliche ist daher als solches sowohl irreal wie irrational. Wirklich und erkennbar wird die Materie erst durch den sie charakterisierenden Negierungsprozeß. Infolgedessen muß die Materie erklärt werden als die notwendige Energierung des Energielosen, das nur dadurch wirklich ist, daß es negiert und so in bestimmte Energieformen umgesetzt wird.

Rechnete die Naturwissenschaft früher mit der Materie oder, wie man auch sagte, mit der materiellen Substanz als einer positiven Größe, so erleben wir es heute, wie diese Annahme immer mehr erschüttert wird und nachgerade unlösbare Schwierigkeiten bietet. Schon Helmholtz hat bemerkt: „Der Begriff der Substanz kann nur durch erschöpfende Prüfungen gewonnen werden und bleibt immer problematisch, insofern weitere Prüfung vorbehalten wird. Früher galten Licht und Wärme als Substanzen, bis sich später herausstellte, daß sie vergängliche Bewegungsformen seien, und wir müssen immer noch auf neue Zerlegungen der jetzt bekannten chemischen Elemente gefaßt sein." Infolgedessen ist die mechanische Naturforschung, die dem Zeitalter Kants als Muster exakter Wissenschaft galt, heute in einer tiefgehenden Umwandlung begriffen. Ihr Grundgedanke aber war es, daß alle qualitativen Unterschiede auf Bewegungsprozesse zurückzuführen seien. Wo aber Bewegung ist, das war die weitere Annahme, da muß auch Etwas sein, das sich bewegt, und als dieses Etwas wurde nun die aus unveränderlichen, gleichartigen Massenteilchen bestehende Materie in Anspruch genommen. Mit dieser Theorie aber ist die physikalische Forschung heute auf unüberwindliche Schwierigkeiten gestoßen; denn es hatte sich als unmöglich erwiesen, die Wellenbewegungen des Lichtes mechanisch zu begreifen[1]).

Muß es sich nun auch die Philosophie versagen, ihrerseits in diese rein naturwissenschaftlichen Erörterungen einzugreifen, so kann sie doch das Zusammentreffen dieser Strömung mit ihrer eigenen Erkenntnisbewegung sichtbar machen. Hat es die Philosophie mit dem Prinzip der Materie, die Naturwissenschaft dagegen mit der Verfassung der Materie zu tun, so sind doch beide Wissenschaften bei der bisherigen Behandlung dieser Probleme auf gleich unlösbare Schwierigkeiten gestoßen. Das hat auf beiden Seiten zu Versuchen geführt, den Begriff der materiellen Substanz ganz zu eliminieren. Damit aber wird die Schwierigkeit nur umgangen, nicht gehoben. Denn wie man auch immer dieses materielle Prinzip bestimmen mag, ob als das der Energie oder Gott oder dem Denken Entgegengesetzte, so erfordert doch der Begriff des Weltganzen das unumgängliche Dasein eines solchen materiellen Faktors, und es ist nur die Frage, wie er in dem Ganzen des Wirklichen notwendig begründet ist.

Nun hatte sich aber aus der Totalitätserkenntnis ergeben, daß das Energielose als das Prinzip der materiellen Daseinsgestaltung nicht etwas Ursprüngliches, sondern von der Urenergie erst Gesetztes ist, und zwar ein solches, das nur gesetzt ist, um in seinem Gegensatz zu dem Setzenden aufgehoben zu werden. Hatte man daher früher die Materie oder die materiellen Massenelemente als das absolute Etwas zu bestimmen gesucht, das der Träger der Kräfte, Bewegungen,

---

[1]) Vergl. dazu die oben angeführte Rede von M. Planck.

Energieformen ist, so folgt aus dem Totalitätsbegriff, daß diese Annahme unhaltbar ist. Denn die Materie ist kein unveränderliches, gleichartiges, sondern lediglich ein relatives Etwas, das sein wirkliches Dasein nur in der Verhältnisbestimmung zwischen seiner Setzung und deren zunehmender Aufhebung hat. Die Bewegung aber ist die Grundform dieses Relationsprozesses, insofern darin das Ineinanderwirken dieser Setzung und Aufhebung zur Einheit des Daseins kommt. Das ist auch der innere Grund, weshalb die mechanische Naturanschauung alle physischen Vorgänge als Bewegungsgesetze darzustellen sucht. Dagegen haben aber die Widersprüche, in die sie sich verwickelt sieht, darin ihren Ursprung, daß die Materie der Bewegung als etwas Absolutes und nicht als etwas in der Aufhebung begriffenes Relatives geltend gemacht wird. Dieses Prinzip der Relativität gilt aber für die gesamte Naturentwicklung. Denn, lediglich auf die Materie hin angesehen, ist die Evolution der Natur ein negativer Prozeß, nämlich die stufenweis sich vollziehende Aufhebung der Materialität.

Was aber ist damit gewonnen? Hatte Kant durch seine erkenntniskritischen Darlegungen insofern eine kopernikanische Erschütterung verursacht, als nach ihm diese unsere natürliche Welt lediglich als die bloße Erscheinungswelt des erkennenden Subjektes angesehen werden muß, so läßt sich nunmehr diese unerträgliche Vorstellung auf ihr rechtes Maß zurückführen. In der Tat ist der räumlich-zeitliche Zusammenhang der Dinge eine bloße Erscheinungswelt, solange wir uns auf den Standpunkt des individuellen Subjektes und seiner Erkenntnisbildung stellen. Denn Individualität ist eigentümlich negierte Totalität. Und wenn die Individualität dennoch auch unter den allgemeinen Bedingungen der Totalität steht, so muß doch die konkrete Bestimmtheit des Ganzen in ihr ebenfalls ein individuelles Gepräge annehmen. Das aber ist der Grund, weshalb die wirkliche Welt für das menschliche Einzelsubjekt zu einer bloßen Erscheinungswelt wird. Gegenüber dieser psychokritischen Erkenntnis ist es aber die wesentliche Aufgabe der wissenschaftlichen Erkenntnis, die Ergründung der Natur und des Zweckes der Dinge unabhängig von den Schranken unserer individuellen psychischen Bestimmtheit zu erfassen. Das ist die vornehmste Forderung aller wissenschaftlichen Methodenbildung.

Auf dieses Ziel war auch die Erkenntniskritik Kants gerichtet. Aber wie ging er zu Werke? Er blieb auf dem Boden des individuellen Selbstbewußtseins stehen und griff nur von hier aus zurück auf die allgemeingültigen und notwendigen Erkenntnisbedingungen, unter denen die sinnliche Verfassung des menschlichen Individuums steht. Auf diese Weise aber konnte immer nur erfaßt werden, was in unserem individuellen Vorstellungszusammenhang trotz seiner Eigentümlichkeit von notwendiger Allgemeingültigkeit ist, nicht aber, was die wahre Wirklichkeit überhaupt konstituiert. Es war daher durchaus folgerecht, wenn Kant erklärte, daß das wahre Ansich der Dinge auf dem von ihm eingeschlagenen Wege nicht zu erreichen sei.

Gäbe es nun freilich für die menschliche Erkenntnis keine andere Grundlage als das psychische Individualbewußtsein, dann würden wir allerdings auch über die Schranken, die das erkenntniskritische Verfahren Kants unserer theoretischen Einsicht gezogen hat, niemals hinauskommen. So aber steht es nicht. Denn das Individualbewußtsein ist nur der eine Faktor des menschlichen Erkennens, der andere aber ist das Totalitätsbewußtsein. Wenn es daher die Aufgabe der wissenschaftlichen Forschung ist, zu einem wahren, von unserer individuellen Beschränktheit unabhängigen Wissen zu gelangen, so liegt es doch auch in der Natur der Sache, von demjenigen Erkenntnisfaktor auszugehen, durch den nicht die

Individualität, sondern die Totalität des Wirklichen zum Bewußtsein kommt. Nicht also durch eine Kritik des Individualbewußtseins, sondern durch die Entwicklung des reinen Totalitätsbewußtseins sind die philosophischen Grundlagen der wissenschaftlichen Erkenntnis zu bestimmen. Und da nun die Totalität der Inbegriff alles Wirklichen und Möglichen ist, so muß das darauf gegründete Wissen auch die wahre Wirklichkeit und nicht bloß die Vorstellungswelt des Individuums wissenschaftlich erkennbar machen. **Wissenschaft ist die den Schranken der individuellen Erfahrung enthobene, aus dem Totalitätsbegriff bestimmte Wahrheit des Wirklichen.**

Tatsächlich ist also alles, was sich unserer individuellen Wahrnehmung darbietet, nur eine Welt der Erscheinungen, und dieser Charakter wird auch dadurch nicht geändert, daß diese Wahrnehmungsvorgänge durch allgemeingültige und notwendige Bedingungen des erkennenden Individuums zu einer objektiven Erfahrungswelt verknüpft werden. Denn jene erkenntniskritischen Bedingungen sind auf diese Weise eben nur als solche des individuellen Selbstbewußtseins erweisbar, und daher kommen wir auch durch ihre objektive Gestaltung des Wahrnehmungszusammenhanges nicht über die individuell beschränkte Welt der Erscheinungen hinaus. Das geschieht aber, wenn das Dasein der Welt aus dem Totalitätsbegriff bestimmt wird, weil dann ihre universelle Wirklichkeit und nicht bloß ihre individuell beschränkte Erscheinung objektiv erfaßt wird. Gelangt demnach die kritische Philosophie theoretisch nicht über die Erkenntnis der Erscheinungswelt hinaus, so dringt die Totalitätswissenschaft in den gesetzmäßigen Zusammenhang der wahren Natur der Dinge ein.

Die materielle Welt der Dinge ist also solange nur eine Erscheinungswelt, als wir sie ausschließlich von dem Standpunkt des Individualbewußtseins und nicht von demjenigen des Totalitätsbewußtseins aus zu begreifen suchen.

Über die erkenntniskritische Begründung des phänomenalen Weltbegriffs hinaus sieht sich aber die Naturwissenschaft fort und fort genötigt, zu der realistischen Hypothese von einer Welt an sich bestehender Dinge ihre Zuflucht zu nehmen. Diese Unsicherheit beseitigt nun die Totalitätserkenntnis. Die Materialität der Dinge ist nach ihr kein bloßes Vorstellungsprodukt, noch ist sie eine bloß hypothetische Voraussetzung, sondern sie ist ein Wirklichkeitsfaktor des Totalitätszusammenhanges. Nur ist diese Materialität, wie gezeigt wurde, keine absolute, sondern nur eine relative Totalitätsbestimmtheit, insofern sie ihre Wirklichkeit nur in der Beziehung hat zwischen der Setzung des Energielosen und dessen beständiger Umsetzung in Energiebestimmungen. Das Weltganze wäre ohne die Verwirklichung jenes Gegensatzes gar keine Totalität, weil ihr dann die Vollendung fehlte; sie wäre aber auch keine, wenn dieser Gegensatz unaufgehoben bliebe, weil sie dann der Einheit ermangelte. Und deswegen kann eben die Materialität nur in der beständigen Setzung des Energielosen und der Negierung seiner Nicht-selbst-Tätigkeit bestehen. Als solche ist aber die Materialität ein notwendiger Faktor des Weltganzen, und zwar der wirklichen, von allen individuellen Beschränkungen unabhängigen Welt.

Unhaltbar ist demnach jedes idealistische System, das nicht ein dem Ideellen entgegengesetztes Materielles als notwendigen Wirklichkeitsfaktor enthält. Jedweder Idealismus, der die Welt der Dinge als eine bloße Vorstellungs- oder Gedankenwelt zu erklären sucht, ist selbst ein Unding. Ein noch größeres Unding ist freilich der reine Realismus, weil sein Prinzip der Sachlichkeit, Stofflichkeit oder Materialität von sich aus überhaupt sein Gegenteil nicht zu setzen und sich deshalb nie als Weltganzes zu produzieren vermag. Der Begriff der Totalität führt vielmehr zu einem energetischen Idealismus, dessen Prinzip ein den Inbegriff seines Gegenteils setzendes und in Energiebestimmungen umsetzendes Urwirken ist. Denn in diesem energetischen Idealismus ist auch die Materialität als notwendiger Entwicklungsfaktor mit einbegriffen. Er ist aber Idealismus einerseits deshalb, weil das reine Wirken als solches den vollendeten Gegensatz zur reinen Sachlichkeit oder Realität darstellt, und andererseits deshalb, weil nur das seine Gegensätze aufhebende und sich auf sich selbst beziehende Wirken „Denken" und als Denken des Ganzen „Idee" ist.

Gegen alle Überspannungen des spekulativen Idealismus ergibt sich demgemäß aus der Totalitätserkenntnis, daß das reine Denken nicht der letzte, schöpferische Grund des Weltganzen ist. Dieser Grund ist vielmehr das sich beständig als Ganzes verwirklichende Wirken. Seinem Wesen nach ist dieses Urwirken aber ein dreiheitliches. Es ist nämlich erstens, sofern es sein vollkommenes Gegenteil setzt, schöpferisches Wirken; alsdann zweitens, sofern es diesen Gegensatz zwischen dem Geschaffenen und sich als dem Schaffenden aufhebt, entmaterialisierendes Wirken, und endlich drittens, sofern es sich in diesen aufgehobenen Gegensätzen denkend auf sich selbst bezieht, geistiges Wirken. Das Denken ist also nicht das ursprüngliche, sondern das schließende Wirken. Es ist dasjenige Wirken, welches das schöpferische und entmaterialisierende immer bereits zur Voraussetzung hat, während diese ihrerseits in der geistigen Verwirklichung des Ganzen ihre Vollendung haben. Als schließendes Wirken, ist aber das geistige nicht etwa nur das aus dem schöpferischen und entwickelnden Wirken hervorgehende Resultat, sondern es ist ein selbständiges, tätiges Wirken welches die individuelle Beschränktheit des natürlichen Ichs negiert und den dadurch vergeistigten Menschen zu einem individuellen Repräsentanten des Ganzen macht. Infolgedessen ist dieses geistige Wirken im Unterschiede von dem schöpferischen und entmaterialisierenden ein freies Wirken, weil es aus dem Geiste selbst und nicht aus den notwendigen Voraussetzungen seiner Faktoren entspringt. Nur so aber ist dieses geistige, das wahrhaft vollendete Wirken; denn in ihm stellt sich die zentrale Einheit des Ganzen erst als geistig individualisiertes und somit als vollständig vergeistigtes Ganzes dar.

Dadurch also, daß die kritische Philosophie den Ursprung, den Umfang und die objektive Giltigkeit des Erkennens lediglich vom Individualitätsbewußtsein des menschlichen Subjektes aus zu bestimmen suchte, beschränkte sie all unser Wissen lediglich auf dasjenige von der bloßen Erscheinung der Dinge. Ihr gegenüber erschließt aber die Totalitätserkenntnis die Einsicht in die Wahrheit der Dinge selbst. Denn die Antwort auf die Frage „was ist Wahrheit" muß notgedrungen lauten: nur dasjenige ist im wissenschaftlichen Sinne wahr, was als Faktor der Totalität begriffen wird. Um aber die philosophische Erkenntnis überhaupt erst einmal auf diesen festen Boden zu stellen, dazu ist die Aufdeckung der Tatsache nötig, daß das menschliche Bewußtsein keineswegs nur durch seine individuellen Sinne, sondern zugleich mit diesen durch den Totalitätssinn bestimmt wird. War dieser unmittelbare Bewußtseinsfaktor bisher in allen psychologischen Analysen unbeachtet geblieben, so mußte eben dadurch jener unlösbare Widerspruch zwischen der Philosophie und den empirischen Wissenschaften entstehen. Dieser Widerspruch löst sich aber, insofern das Totalitätsbewußtsein als ein ursprünglicher Bewußtseinsfaktor geltend zu machen ist, der als solcher die unmittelbare und selbständige Grundlage der Philosophie als der Totalitätserkenntnis ist.

Darauf stützt sich auch der prinzipielle Gegensatz zwischen den empirischen Wissenschaften und der Philosophie. Denn jene nehmen ihren unmittelbaren Ausgang von dem Wirken der individuellen Sinne; das Grundelement der Philosophie aber ist der Totalitätssinn. Die Philosophie ist demnach eine nicht-empirische Wissenschaft, und in diesem Sinne kann die alte Bezeichnung „Metaphysik", die jenen Gegensatz zum Ausdruck bringt, für die Erforschung ihres Zentralproblems beibehalten werden. Zurückzuweisen aber ist die Meinung, daß die wissenschaftliche Metaphysik ihren Ausgang von irgend einem außerhalb des Weltganzen befindlichem Etwas nähme. Auch sie geht von einer unmittelbaren Erfahrungstatsache oder einem Sinnlichen aus, nur nicht von dem individuellen Sinnesbewußtsein, sondern von der Unmittelbarkeit des Totalitätsbewußtseins. Infolgedessen ist Metaphysik die Wissenschaft des Überindividuellen, aber nicht ohne weiteres des Übersinnlichen. Den organischen Sinnen steht der geistige Sinn oder die unmittelbare Geistigkeit gegenüber und mit diesem hat es die Philosophie zu tun. Andererseits ist auch für die empirischen Wissenschaften die sinnliche Unmittelbarkeit eben nur der Ausgang; ihr eigentliches Ziel ist jedoch die Feststellung von Begriffen, Regeln und Gesetzen. Diese aber sind ebenfalls wie die metaphysischen Erkenntnisse nicht-sinnlicher, d. h. nicht unmittelbar wahrnehmbarer Natur.

Wie angegeben wurde, wirkt der Totalitätssinn mit den individuellen Sinnen unmittelbar zusammen und erzeugt im Mythus die sinnliche Vorstellung von der Einheit des Ganzen. Daraus entwickeln sich dann allmählich die Anfänge der Religion, Kunst und Metaphysik, die ihrerseits weiterhin von dem unmittelbaren zu einem durch das Gegenteil vermittelten Bewußtsein vom Ganzen übergehen. Während aber die Religion und Kunst auch bei ihrer fortschreitenden Entwicklung den Zusammenhang mit der sinnlichen Unmittelbarkeit beständig festhält, vollzieht sich in der Metaphysik die strenge Sonderung des Totalitätssinnes von dem individuellen Sinnesbewußtsein. In dieser Scheidung hat alle philosophische Erkenntnis ihren Ursprung. Dieser Fortschritt wäre aber gar nicht möglich, wenn der Totalitätssinn nicht ein unmittelbarer Bewußtseinsfaktor wäre, und als solcher die Bedingung abgäbe für die Abstraktion des Bewußtseins von der Mannigfaltigkeit aller seiner Sonderbestimmungen. Aber nicht nur die philosophische, sondern alle wissenschaftliche Erkenntnis beruht darauf, daß sie als solche die Abstraktion des Notwendigen von dem Zufälligen und des Konstanten von dem Veränderlichen unumgänglich zur Voraussetzung hat. Eben diese Fähigkeit, von allem Besonderen überhaupt zu abstrahieren, ist daher ein weiterer Beweis dafür, daß es in unserem Bewußtsein einen Totalitätsfaktor geben muß, der diesen Prozeß ermöglicht. Wie dieses Totalitätsbewußtsein daher die Bedingung ausmacht, die Gesetzmäßigkeit des Empirischen zu begreifen, so gibt es in seiner reinen Selbstheit den Grund und Boden ab für die Entwicklung des Begriffs der vollendeten Totalität. Und da dieser Begriff alle Gegensätze überhaupt — so Denken und Sein, Geist und Körper, Leib und Seele, Gott und Welt, — in sich befaßt, so wird durch ihn auch nicht bloß die Erscheinung der Dinge, sondern die wahre Wirklichkeit erkannt.

Schlußbetrachtung.

Gegenüber allen Schwankungen, Zweifeln und Angriffen ist damit die Selbständigkeit und Notwendigkeit der philosophischen Wissenschaft sicher gestellt. Die Philosophie ist im Unterschiede von allen anderen Wissenschaften reine Totalitätswissenschaft und ihr unmittelbares Lebenselement ist der Totalitätssinn des menschlichen Bewußtseins. Erst, nachdem diese Einsicht gewonnen ist, ist die Auseinandersetzung darüber, was den wahren Charakter der philosophischen Erkenntnis ausmacht, dem Gewirr der Meinungen enthoben. Denn von aller Pseudophilosophie ist hinfort die echte philosophische Forschung dadurch zu unterscheiden, daß keine andere als die Totalitätserkenntnis diesen Namen verdient. Mag daher eine Denk- oder Seelenlehre, eine Tugend- oder Staatslehre, eine Weltanschauungs- oder Religionslehre mit noch so geistreichem Gepränge auftreten, so hat sie doch deswegen noch solange keine philosophische Bedeutung, als sich darin nicht eine Entwicklung des wahren Totalitätsbegriffs darstellt. Dies festzustellen und dadurch einen sicheren Weg zum Verständnis der philosophischen Probleme zu erschließen, war die einzige Absicht der vorliegenden Schrift.

Es könnte wunderbar erscheinen, daß die Philosophie so lange Zeit gebraucht haben sollte, um nun erst zur Ermittlung des ihre Wissenschaft konstituierenden Begriffs zu gelangen. Aber dagegen ist zu sagen, daß alle wahrhaft bedeutende Philosophie von jeher Totalitätsphilosophie war. Denn wer wollte leugnen, daß schon Thales, der als der erste, dem Namen nach bekannte Vertreter der wissenschaftlichen Philosophie gilt, ein Totalitätsforscher war. Man sehe sich ferner eines der großen Systeme nach dem anderen an und man wird finden, daß es sich in einem jeden um die Erkenntnis des Weltganzen und um seine Verfassung als Ganzes handelt. Wenn dennoch der Totalitätsbegriff hier erst ausdrücklich als Grundbegriff der Philosophie geltend gemacht wird, so liegt das daran, daß die frühere Spekulation lediglich die abstrakte Möglichkeit der Totalität, nämlich das Allgemeine, ohne welches nichts sein kann, nicht aber ihre konkrete Wirklichkeit, d. h. dasjenige, wodurch sich die Totalität verwirklicht, zum Gegenstand der Untersuchung machte. War also bis dahin die philosophische Forschung in der Hauptsache nur auf die Erkenntnis der notwendigen Voraussetzung des Ganzen gerichtet, so wendet sie sich nunmehr erst der Ermittlung des Begriffs der wirklichen Totalität zu. Damit gestaltet sich aber die **hypothetische Metaphysik** zu einer **energetischen Metaphysik** um.

Mit gutem Grunde kann nun behauptet werden, alle wahre Wissenschaft müsse Totalitätswissenschaft sein. Daß es aber so ist, entspringt daraus, daß nichts wahrhaft wirklich ist, als was sich der Wirklichkeit des Ganzen gemäß verwirklicht. Alle Forschungsarten können daher solange auf den Rang wahrer Wissenschaft keinen Anspruch erheben, als in ihren Erkenntnissen der Zusammenhang mit der Verfassung des Ganzen nicht mitbegriffen ist. Dennoch aber gibt es einen grundsätzlichen Unterschied zwischen der Philosophie und den übrigen Wissenschaften. Die Philosophie hat zu ermitteln, wie sich das Ganze als Ganzes oder als dessen Einheit konstruiert. Die anderen Wissenschaften haben dagegen zu erkennen, wie sich das Ganze in den besonderen Reichen seines Daseins aus dem Wesen dieser Besonderung vergegenwärtigt. Was aber von dem Ganzen als Ganzes gilt, das muß auch in seinen besonderen Wirkensphären gelten, und darum ist die Philosophie die Grundwissenschaft aller Wissenschaft überhaupt. Nur ist sie dies nicht in dem Sinne, daß sie von sich aus in den Entwicklungsgang der Spezialforschung irgendwie einzugreifen hätte; denn die Erkenntnis des spezifischen Wesens dieser Sondergebiete liegt außerhalb der streng philosophischen Einsicht. Wohl aber hat die Philosophie den empirischen Erkenntnisarten diejenigen Totalitätsbegriffe zu übermitteln, vermöge deren die Natur- und Sozialwissenschaften das besondere Wesen ihres speziellen Gebietes in Übereinstimmung mit dem Wesen des Ganzen zu ergründen in der Lage sind. Zu dem vollendeten Wissen ist nicht nur nötig zu wissen, wie sich das Ganze als Ganzes verwirklicht, sondern ebenso auch, wie sich die Ganzheit in den Besonderungen ihres Wesens verwirklicht. Infolgedessen kann sich nur in dem Zusammenwirken von philosophischer und empirischer Forschung das System der Wissenschaften vollenden. Die Philosophie gibt aber den Grundriß zu diesem System.

Waren die früheren Systeme der Philosophie hypothetische Gebilde, so ist die Begründung des Totalitätssystems der wahre Ausdruck der universellen Wirklichkeit. Denn da die Totalität der Inbegriff aller Wirklichkeit überhaupt ist, nicht nur der materiellen, sondern auch der geistigen, und nicht nur der gegenwärtigen, sondern auch der vergangenen und zukünftigen, so ist die Entwicklung ihres Begriffssystems auch kein Erzeugnis hypothetischer Voraussetzungen mehr, sondern das Selbstbewußtsein der universellen Wahrheit.

In seiner Unmittelbarkeit äußert sich, worauf hier zusammenfassend noch einmal hingewiesen wird, dieses Geistesbewußtsein als der mit dem psychophysischen Bewußtsein zusammenwirkende Totalitätssinn. Als solcher ist er dasjenige

Wirken, welches zunächst das natürliche Ich unwillkürlich treibt, die Mannigfaltigkeit des Daseins als ein von einer sinnlichen Macht beherrschtes Ganzes mythisch vorzustellen. Die methodische Entwicklung dieses Sinnes, wie sie sich in der philosophischen Erkenntnisentwicklung vollzieht, muß dann in fortschreitender Bemühung zuvörderst erst darauf gerichtet sein, diesen Totalitätsfaktor im ausschließenden Gegensatz zu dem individuell-psychischen Bewußtsein und somit als abstrakte Allgemeinheit zu erfassen. Diese sich selbst begreifende und ihren Begriff entwickelnde Allgemeinheit des Totalitätswirkens ist die reine, abstrakte Vernunfterkenntnis, deren Durchführung der Hauptgegenstand der philosophischen Forschung bis in das 19. Jahrhundert hinein war. Will man daher das charakteristische Kennzeichen angeben, durch das der Gang und die Richtung der bisherigen Philosophie ausschlaggebend bestimmt wurde, so ist dies die vollendete Durchbildung des spekulativen Rationalismus.

Aber mit dieser rein rationalen Erkenntnisbewegung wurde ein Vorurteil groß gezogen, um dessen Ausmerzung noch heute gekämpft wird. Von den Tagen des Sokrates an bildete sich die Vorstellung, daß durch die Entwicklung der reinen Vernunfterkenntnis die Wahrheit des Wirklichen selbst begriffen werde. Das aber trifft nicht zu. Denn das allgemeine Sein als das Vernünftige und die aus ihm als solchem fließenden Begriffsbestimmungen dienen zwar der Feststellung der Bedingung aller Wahrheit; aber sie vergegenwärtigen nicht die Wahrheit des Wirklichen als solche, sondern sie sind nur das negative Kriterium der konkreten Wahrheit. Durch das Allgemeine wird nur das begriffen, ohne welches das Wirkliche nicht sein kann, nicht aber, was es wirklich ist. Das hat bereits Luther mit genialem Blick erkannt, indem er einerseits erklärte: „Es ist was ganz Ausgemachtes, daß die Vernunft unter allen Dingen dieses Lebens das Beste, ja sogar was Göttliches ist. Sie ist eine Sonne und gleichsam ein Gott, der in diesem Leben über die Regierung der Dinge gesetzt ist. Und diese Herrlichkeit hat Gott nach dem Falle Adams nicht hinweggenommen, sondern vielmehr bestätigt." Andererseits fügte er jedoch hinzu: „Wenn auch die Vernunft nicht begreifen kann das Licht noch die Werke Gottes, noch sie erreichen, sodaß sie affirmativ ganz grob und ungewiß richtet, urteilt, so ist negativ, d. h. in Dingen, die da nicht sind, ihr Urteil gewiß; denn wenn die Vernunft nicht begreift, was Gott ist, so begreift sie doch positiv, was Gott nicht ist. Folglich, was der Vernunft entgegen ist, ist gewiß, daß es vielmehr Gott entgegen ist. Wie sollte es nicht gegen die göttliche Wahrheit sein, wenn was wider die Vernunft und menschliche Wahrheit ist." Der Grund aber, daß es so ist, liegt darin, daß das Allgemeine, das abstrakt Vernünftige nur die Bedingung der Möglichkeit des Ganzen, nicht seine vollendete Wirklichkeit ausmacht. War es daher auch nötig, daß die Philosophie in einem mehr als zweitausendjährigen Ringen erst einmal die allgemeinen Vernunftbedingungen des Weltganzen zur Einsicht brachte, so mußte doch, nachdem diese Aufgabe in der Hauptsache gelöst war, nunmehr das Wirklichkeitsproblem oder das Problem der konkreten Totalität die alles beherrschende Stellung einnehmen.

Kommt also durch die Abstraktion der Tätigkeit des Totalitätssinnes von derjenigen der natürlichen Sinne nur das Allgemeine zur Erkenntnis, d. h. das, wodurch das Ganze dem Nichtganzen in ihm entgegengesetzt ist, nicht das, was es zum Ganzen macht, so mußte eben hierauf der Fortgang der Untersuchung sich erstrecken. Und, wenn nun die Ermittlung dessen, worin die Totalität sich von aller Nichttotalität unterscheidet, zur Annahme eines allgemeinen, substanziellen Seins führt, so gibt sich die Totalitätstätigkeit, die nicht im abstrakten Gegensatz zur natürlichen

Sinnestätigkeit, sondern zugleich als deren Entwicklungsgrund erfaßt wird, sich als schöpferisches Wirken zu erkennen. An die Stelle der ontologischen tritt damit die energologische Philosophie.

Wie aber dargelegt wurde, ist dieses Wirken, durch das sich das Ganze als Ganzes verwirklicht, kein einfaches, sondern ein **dreiheitliches Wirken**. Es ist **schöpferisches Wirken**, sofern es das Wesen seiner Urenergie ist, das Energielose als den Inbegriff seines Gegenteils zu erwirken; es ist **entwickelndes Wirken**, sofern es diesen Gegensatz zwischen sich als dem Schaffenden und dem Geschaffenen im Naturprozeß aufhebt, und es ist **geistiges Wirken**, sofern es sich in seinen, die Aufhebung der energielosen Materialität vollendenden Geschöpfen direkt verwirklicht. Jede dieser Totalitätstätigkeiten ist für sich das Ganze, weil sie stets auch die beiden andern, sei es als Grund, Vermittlung oder Zweck, mit in sich begreift; wahrhaft vollendet aber ist das Ganze nur als individuell durchgebildetes Ganzes.

Dementsprechend muß sich auch der Aufbau des philosophischen Systems vollziehen. Das Urwirken in seiner schließenden Tätigkeit, worin es sich durch die Aufhebung seiner Gegensätze rein auf sich selbst bezieht, ist das **Denken**. In diesem Totalitätsdenken stellt sich die Entwicklung der Faktoren dar, durch die sich das Ganze lediglich als Ganzes d. h. seine Einheit begreift. Die wissenschaftliche Darstellung dieses Denkens ist das Gebiet der **energetischen Logik**, sodaß darin das Vernunftgesetz des Ganzen zum Wissen von sich selbst gelangt. Dadurch erweitert sich zugleich der Vernunftbegriff, denn das Vernünftige ist hier nicht mehr bloß die Entwicklung des sich als Allgemeinheit bestimmenden Seins, sondern sie ist diejenige des sich als Ganzes verwirklichenden Wirkens. Die Vernunft hört dadurch auf, nur als abstrakte Vernunft begriffen zu werden. Sie ist keineswegs nur die notwendige Bedingung der Einheit des

Ganzen; sie ist die Wirklichkeit dieser Einheit selbst. Dadurch, daß in dem Totalitätsdenken das Weltwirken sich selbst begreift, vollzieht sich in ihm — und zwar durch die Aufhebung des Gegensatzes zwischen dieser Urenergie und des von ihm gesetzten Energielosen — die Entwickelung der Einheit des Totalitätsbegriffs. Die Denkbestimmungen, die dadurch entstehen, sind also die Einheitsbestimmungen der Weltwirklichkeit oder ihre „Kategorien", vermöge deren die Urenergie ihre Totalitätstätigkeit denkt. Durch die energetische Logik wird demnach das Ganze als Ganzes oder die Totalitätseinheit erkannt.

Aber auch durch diese energetische Vernunftentwicklung wird das Ganze insofern nur negativ, nicht affirmativ bestimmt, als dadurch das von dem Urwirken Erschaffene nur als dessen aufzuhebendes Gegenteil — also in verneinender Form — begriffen wird. Worin sich aber das eigene Wesen des Energielosen in der aufsteigenden Entwicklung seiner Aufhebungen positiv zu erkennen gibt, das kann auch durch das Totalitätsdenken nicht affirmativ bestimmt werden. Das geschieht im Bereich des menschlichen Daseins nur durch die Tätigkeit der natürlichen Sinne, durch die im Gegensatz zur Erkenntnis der Einheit des Ganzen die Natur des Nichtganzen oder des Individuellen zur Wahrnehmung gelangt. Im Gegensatz zu der rein philosophischen ist dies die empirische Erkenntnis, welche das Forschungsgebiet der Spezialwissenschaften bildet. Wie die Philosophie, so bilden demnach auch diese Forschungsarten einen selbständigen Faktor der Totalitätswissenschaft.

Die Philosophie als die reine Totalitätswissenschaft legt also selber die Notwendigkeit der empirischen Wissenschaften dar, und andererseits erweisen diese die Unentbehrlichkeit der Philosophie. Denn von dem bloß empirischen Wissen unterscheidet sich die empirische Wissenschaft dadurch, daß diese auch das Mannigfaltige der Wahrnehmung mit Rücksicht auf die Totalität des Wirklichen zu erkennen sucht. Sie sieht sich daher bedingt durch die reine Totalitätserkenntnis und die von ihr entwickelten Prinzipien und Kategorien. Auch die Mathematik und die mechanische Physik wäre nur ein geistreiches Gedankenspiel, wenn sich zwar nicht die spezifische Natur des Raumes und der Zeit, der Bewegung und der Materie, wohl aber deren Prinzip aus der reinen Totalitätserkenntnis entwickeln ließe. Ohne Philosophie keine streng empirische Wissenschaft und ohne empirische Wissenschaft keine positive Totalitätserkenntnis!

Wie sich demgemäß die Philosophie als eine Totalitätswissenschaft systematisch zu gestalten habe, das durchzuführen war nicht der Gegenstand der Untersuchung. Worauf es hier allein ankam, war der Nachweis, daß die Philosophie eine Angelegenheit der ganzen Menschheit ist. Das ist sie zwar nicht in dem Sinne, daß nun jeder aus ihr ein wissenschaftliches Studium zu machen habe. Wohl aber ist dies so zu verstehen, daß der philosophische Erkenntnisdrang seine Wurzel in einem allgemeinmenschlichen Bewußtseinsfaktor hat, und daß dieser Trieb direkt oder indirekt, unmittelbar oder durch sehr weit ausgesponnene Vermittelungen nach Gestaltung verlangt. Es war daher die Hauptangelegenheit dieser Auseinandersetzungen, zu zeigen, daß die philosophische Kultur auf einer unmittelbaren Erfahrungsgrundlage der menschlichen Natur beruht. Daß es eine solche gibt, war aber fort und fort durch die psychologische Einseitigkeit verdunkelt worden, daß das individuelle Erfahrungsbewußtsein der einzige unmittelbare Quell unseres Wissens wäre. Das aber ist falsch. Denn mit dem Faktor des individuellen Bewußtseins wirkt der Faktor des Totalitätsbewußtseins unmittelbar zusammen, und erst in ihrer Vereinigung bilden sie das wahrhaft menschliche, geistige Bewußtsein. Wirkt sich dieser zweite Faktor in den Hervorbringungen der geschichtlichen Mächte, sowie in der Kunst und Religion unmittelbar aus, so ist seine selbständige methodische Entwicklung eben diejenige Geistesmacht, die mit dem Namen Philosophie bezeichnet wird. Erst mit der Aussonderung dieses Faktors, durch welchen sich das Totalitätswirken zugleich mit dem Individualbewußtsein unmittelbar verwirklicht, ist der Philosophie endgültig eine ursprüngliche, konkrete Erfahrungsgrundlage gegeben. Die Philosophie ist im Unterschied von allen anderen Wissenschaften Totalitätswissenschaft, und die unmittelbare Grundlage ihrer Erkenntnisse ist der Totalitätssinn!

Mit Descartes hat die neuere Philosophie den epochemachenden Schritt getan, daß sie nicht mehr wie im Altertum von der Weltweisheit aus und wie im Mittelalter von der Gottesweisheit aus zum Wissen vom Menschen zu gelangen suchte, sondern daß sie sich umgekehrt auf dieses stützte, um sich von hier aus zum Wissen von der Welt und von Gott zu erheben. Aber gerade dieser Denker war es, durch den nun die wahre Grundlage dieser vom Menschengeist ausgehenden Philosophie verdeckt wurde. Denn von den beiden Faktoren der unmittelbaren Gewißheit, dem Individualitäts- und dem Totalitätsbewußtsein nahm er gerade denjenigen in Anspruch, von dessen Besonderheit und Beschränktheit sich alle strenge Wissenschaft erst frei machen muß. Denn, indem er dem individuellen Selbstbewußtsein allein ein gegen allen Zweifel gesichertes Sein zuerkannte, entzog sich ihm die Einsicht, daß mit diesem noch das Totalitätsbewußtsein in derselben unmittelbaren Gewißheit verbunden ist und seinerseits den Ausgangspunkt aller universellen Wahrheit bildet. Demgegenüber hebt aber nun abermals eine neue Bewegung an, die der von Descartes sich herleitenden Richtung den Satz entgegenstellt: nicht das Individualbewußtsein, sondern das Totalitätsbewußtsein ist das Fundament der Philosophie.

www.ingramcontent.com/pod-product-compliance
Lightning Source LLC
Chambersburg PA
CBHW020149170426
43199CB00010B/952